国家出版基金项目
NATIONAL PUBLICATION FOUNDATION

上海高校服务国家重大战略出版工程资助项目
公共经济与城市社会治理创新研究丛书
总主编　吴柏钧

中国城市社区基金会发展及运作研究

唐有财　权淑娟　著

华东理工大学出版社
EAST CHINA UNIVERSITY OF SCIENCE AND TECHNOLOGY PRESS
·上海·

图书在版编目(CIP)数据

中国城市社区基金会发展及运作研究 / 唐有财,权淑娟著.—上海：华东理工大学出版社,2020.11(2021.4 重印)
ISBN 978-7-5628-6314-4

Ⅰ.①中… Ⅱ.①唐… ②权… Ⅲ.①城市—社区—基金会—发展—研究—中国 Ⅳ.①D669.3

中国版本图书馆 CIP 数据核字(2020)第 192959 号

内 容 提 要

本书基于中国城市社区基金会的发展和运作情况,从宏观层面的行业发展和微观层面的基金会运作两个维度进行了深入分析,尝试总结社区基金会的本土化的内在逻辑和发展特点。本书系统梳理了西方社区基金会的发展经验,详细介绍了中国社区基金会的发展政策、行业状况、治理结构、运作模式和功能价值等,并指出社区基金会对于推动中国的社区公益慈善发展和社会治理创新具有的重要意义。本书的主要特点是实践驱动理论,采用行动研究的方法,以破解社区基金会的运作难题为目标,希望能为社区基金会的研究者和从业者提供一些理论和经验参考。

项目统筹 / 马夫娇　韩　婷
责任编辑 / 孟媛利　韩　婷
装帧设计 / 吴佳斐
出版发行 / 华东理工大学出版社有限公司
地址：上海市梅陇路 130 号,200237
电话：021-64250306
网址：www.ecustpress.cn
邮箱：zongbianban@ecustpress.cn
印　　刷 / 上海中华商务联合印刷有限公司
开　　本 / 710 mm×1000 mm　1/16
印　　张 / 12.5
字　　数 / 182 千字
版　　次 / 2020 年 11 月第 1 版
印　　次 / 2021 年 4 月第 2 次
定　　价 / 118.00 元

公共经济与城市社会治理创新研究丛书

总　序

当前，中国社会经济发展和结构变化呈现了许多新的特点。在经济增长与结构变动方面，一个显著的特点是公共经济部门对国民经济增长的贡献率持续上升。尤其是在2008年世界金融危机以后，为抵御经济衰退，维持较高速度的经济增长和社会稳定，我国政府在公共基础设施建设上持续投入了大量的资金。同时，在城市化和人口制度变革的背景下，为回应人们对保障公共安全和增进社会福利的需要，政府在对教育、卫生、安全和社会保障等公共服务领域的投入上也有了快速增长，这使得经济性和非经济性公共产品的供给成为社会总供给的重要组成部分，甚至在某些年份，公共产品投资和供给已成为边际经济增长的决定性因素。

在社会发展和结构变化方面，尽管整体的社会形态和权力结构变动较小，但非农劳动力、中等收入阶层和私人资本阶层等基于现代经济活动而产生的社会力量的影响力不断增强，其正潜移默化地改变着我国的社会结构，深刻影响着社会利益格局。在生产和生活方式日益市场化和社会化的过程中，基层民众的思想观念、社会需求和诉求发生了很大变化，这为政府在社会治理中如何精准掌握人们的需求偏好和行为动态增加了难题，对如何有效实施社会服务和社会保障提出了挑战。同时，社会流动的不断增强使得公共安全和环境风险持续上升，这对传统的行政管理体制和政府自上而下的治理机制形成了巨大挑战，对现代政治和经济建设中的中国如何重构基层社会治理结构与机制提出了新的要求。

当前社会经济变革与转型使我们对未来的发展形成了许多不确定的判断。但如果不考虑制度变迁因素，可能会为我们观察社会经济演化的规律带来清晰一点的认识。纵观人类社会发展的历史，技术的变化、私人产品生产方式的变革和竞争机制等为人们摆脱自然束缚、追求自由丰富的生活提供了保障，但其却不能给予社会成员基础性的、公平享有的生活质量的提升和社会安全的保障。无论是实施行政计划机制还是市场机制，公共产品和服务的供给在产品和服务性质上总能为社会成员提供共同享有的广义福利增进效用。与此同时，许多国家在私人产品部门发展、增加社会财富的过程中产生了贫富差异和社会不公，而公共产品部门发展在提升整体的社会福利和安全保障的过程中又产生了资源错配、供给效率低下、官僚特权和行政垄断等问题。所以，人们始终在寻求合适的制度去约束私人产品生产的过度竞争和分配不公，也通过制度安排在公共产品部门规模扩大的过程中改善供给效率。从全球经济发展趋势看，随着经济的发展和居民收入水平的提高，公共产品部门在经济社会发展中的功能和作用会逐步提升，其资产规模和占总供给的比重在不断增加，这反映了社会经济不断发展的一种状态和趋势。从这个角度去理解，可以认为中国公共产品部门的革新正是经济社会快速发展的体现。近几十年来，中国公共产品部门的发展在一定程度上反映了社会经济结构的根本性变化。

可以预期，在这样的社会经济结构转型过程中，不仅私人产品部门的发展会遇到技术、市场和制度的变革问题，公共产品部门也将面临许多新挑战：

第一，社会资源在私人产品部门与公共产品部门之间的配置问题。这要求政府根据经济增长、市场需求和社会需要在私人产品部门与公共产品部门之间合理地配置资源，以实现个人需求与社会需求的均衡状态，达到适度的经济增长和社会福利的增进，从而兼顾经济发展和社会公平。

第二，公共产品部门的供给有效性问题。根据中国的国情，从理论上解决真实地显示民众需求偏好的问题，采取合适的公共选择方式，并对公共产品实施高效管理，涉及一国的公共产品供给体制与机制，也涉及政治、技术、市场和社会文化等诸多方面，但核心问题在于政治经济体制的安排和机制的设计。如何破除原先“全能型政府”的窠臼，真正做到以人民为中心，政府应有所为而有所不为，放权于基层，为社会组织的发育及其履行社会治理职能释放空间。同时，政府也要通过制度安排和政治程序，改革现有的政府主导的公共产品供给机制，探讨适合中国实际的多元合作的公共产品供给机制。

第三，如何打造共建共治共享的社会治理格局，建立“人人有责、人人尽责、人人享有”的社会治理共同体，怎样处理政府行政主导与社会组织生长问题。这要求服务供给方激发民众参与社区治理的热情，提高社区工作者、社区事务参与者的能力和水平。

第四，如何创新基层治理方式问题。这要求基层社会治理成为国家治理的重心和基石，成为国家治理体系和治理能力现代化的基础性环节。同时，政府要通过制度安排和法治手段消除基层治理的“空转”现象，建立适应多元治理主体的治理方式，摆脱社区机构及事务的行政化困境，构建去行政化的社区基层组织的有效运行体系和运行机制（包括资源筹措、公共服务提供、公共事务决策等）。

第五，如何基于互联网、大数据和人工智能等新技术，创新公共产品生产和供给方式，提高公共服务效率，改善社区基层治理。这要求服务供给方利用信息技术获取社会成员对公共产品和服务的真实需求，为公共政策的决策提供充足信息，为政策实施的监督和绩效评估提供技术手段，以实现有效配置资源和有效供给的目标。

基于上述对中国社会经济长期发展和结构变化的理解，华东理工大学社会科学高等研究院在成立之初就确立了研究宗旨，希望在宏大的社会经济变迁格局下，立足社会基层和微观经济层面，对中国社会经济的发展有一个细微的观察和局部的剖析。这些年来，在华东理工大学成长起来的一批公共经济学、社会学和公共管理学科的年轻教师聚焦于公共经济与基层社会治理研究领域，承担了诸多国际合作和国家基金的课题，他们大致围绕三大主题开展了一系列研究：一是研究公共经济部门发展的基本理论与中国的实践，特别是通过学科交叉研究和多研究范式融合，探讨社会发展过程中公共经济与社会治理的结构关系和内在机制；二是在互联网、大数据和人工智能等新技术条件下研究公共经济和社会治理的新方式与新形态；三是对公共基础设施、公共服务、社区基层治理等领域开展社会调查、田野实验和经验实证分析，试图发现一些有中国特色的、有益的实践经验，以检讨和修正经典的理论观点，拓展理论研究的范畴。本丛书就是我们对前期研究工作的一个初步总结，各分册也大致体现了这几个方面的研究主题。

本丛书的内容主要涉及公共经济、社会治理和社会政策领域。不论属于哪个学科，研究大都基于公共经济学和公共管理学理论，以跨学科的方式来探讨公共经济和社会治理中的科学问题；针对政策问题，我们也以不同学科的视角加以研究。

本丛书中有 5 本著作可以归属于公共经济领域。其中，《城市公共产品有效供给机制研究》梳理了公共产品供给理论和研究文献，探讨了我国公共产品供给的机制及其改革得失，重点对城市公共基础设施和公共服务领域的投融资、生产和分配进行了实证分析。《城市基础设施与经济发展研究》总结了中国社会 70 年来在基础设施建设方面所取得的成就与面临的挑战，从财政分权和比较制度分析等理论视角揭示了基础设施影响地区经济发展的内在机制；其利用计量经济分析探索了中国基础设施建设对市场融合、开放发展和民生改善的影响，从政治经济学的理论视角提出了促进基础设施供给模式创新的治理基础与实现路径。《环境公共品的有效供给机制及路径研究》对多种环境公共品的供给机制进行了研究，重点研究了人们较少关注的家庭部门在环境治理中的功能与行为模式；其把家庭部门作为供给主体，将代际因素纳入考虑范围，并基于环境公共品的三种价值评估法构建了环境公共品的有效供给理论模型。《城市公共服务空间布局特征及综合能力评价》基于大数据技术，对城市公共服务的发展过程、资源规模、空间布局及服务能力等状况进行了综合分析，客观分析了影响城市公共服务的因素，并提出了优化城市公共服务的策略。有意思的是，《城市共享平台的多元协同治理研究》以共享经济为研究对象，探讨了广泛存在的私人产品公共性问题，该书全面梳理了国内外城市共享平台的发展模式、治理经验及作用机制，提出了自行治理优先、政府监督、社会辅助的共享平台多元协同治理的概念。这项研究突破了传统的城市公共产品供给限制，对新技术环境下私人产品公共消费及生产方式的革命性变化进行了开创性研究。总体上，这些著作以基础设施、环境保护、污染治理等城市主要公共产品和服务为研究对象，分析了我国城市公共产品和服务供给的特征及内在运作机制，并对这些领域的公共产品有效供给提出了制度性改革等政策建议。

本丛书中有 5 本著作研究了城市社会治理问题。《城市移民与公共治理研究》把城市治理放在城市化过程中加以考虑，研究了如何从移民管制转化为移民服务，并借以提升移民治理水平，使移民尽快融入城市。《城市公共安全风险防控体系研究》针对城市公共安全事故频发的现实，系统分析了城市公共安全问题的源头和类型，在深刻解析城市安全风险发生原因的基础上，探讨了有效的安全风险防控内在机制，构建了城市安全风险防控体系。《城市基层矛盾纠纷化解的社会机制研究》以近年来蓬勃发展的人民调解组织为例，剖析以其为代表的社会力量参与城市基层矛盾纠纷化解的现实需求、功能定位、组织网络、运作机制与发展逻辑等，以探索“中国式风险社会”的社会治理机制。《城市社区治理中整合性服务模式建构研究》以上海社区基层治理实践为例，从街道体制改革、政府购买服务、社区社会组织发展和社会力量参与社会治理与社区工作者队伍建设等各个角度考察了基层社会治理的发展状态，深度揭示了基层社会治理存在的新问题，深刻剖析了深层次的社会性和结构性原因，并在此基础上探索现代基层社会治理的治理元素、创新流程及关键环节，提出了构建特大城市基层社会治理体系和实务模式的新设想。《中国城市社区基金会发展及运作研究》选择了城市社区基金会为研究对象，对行政驱动逻辑下社区基金会的成长环境、本土化特征、治理结构、功能作用进行了实证分析，以此探讨了中国政治体制下的基层社会组织的发展路径和运行机制。

本丛书出版之际，中国刚经历了新型冠状病毒感染的肺炎疫情。在经历“非典”疫情不到 20 年的时间里，此次规模巨大的全球性公共卫生灾难的暴发再次证明人类尊重自然规律的重要性，同时也提醒我们，应不断反思公共卫生体制和机制改革的有效性问题，反思现行社会治理体制的弊端和公共政策实施的偏差问题。值得欣慰的是，疫情在我国很快得到控制，特别是抗疫措施在全国范围内得到严格实施，这充分显示了社区基层组织在公共事件中的动员能力和应对能力，体现了社会治理制度变革中建立基于社会组织和民众参与的多元供给机制的重要性，也再次证明了在现代化强国的建设过程中建立有效的公共产品供给制度的重要性。本丛书若能为此做出一点贡献，也就达成了我们的预期目的。

本丛书的出版得到了国家出版基金和上海市文教结合“高校服务国家重大战略出版工程”的资助。能够获得资助且得到高质量的出版，要感谢华东理工大学出版社，在此谨致谢忱！丛书中的部分著作是上海市教委科研创新计划项目重大课题“城市公共产品供给机制研究”的成果，特此说明，并感谢资助部门！

吴柏钧

2020 年 5 月 20 日

前言

foreword

本书是关于中国城市社区基金会本土化发展与运作的探索性研究。社区基金会在西方经过了百年发展历程，而在中国的本土化历程只有短短的十多年时间，因此，如何理解这一新生事物是学术界和实务界共同关注的问题。社区基金会何以在中国快速发展，其深层的文化和社会基础是什么，如何理解社区基金会的内涵和功能，中西方社区基金会具有怎样的共性和差异，中国社区基金会是如何运作和治理的，其对社区治理创新和公益慈善发展具有怎样的推动作用，这些都是本书尝试回答的问题。

本研究主要从理论与实践对话、中国与西方对话、不同地区和不同发展模式比较以及宏观行业发展与微观组织运作相结合等四个维度分析中国城市社区基金会的本土化发展和运作。

一是理论与实践的对话。本书并不是一般性地简单引介西方理论和经验，而是立足于中国本土实践需求来进行理论阐述。诚然，社区基金会在中国的快速发展与学术界专家的倡导不无关系，但社区基金会一旦发展起来后就走在了理论研究的前面，这可为理论研究提供素材，但其实践更是迫切需要理论的指导。因此，本书尝试对社区基金会的内涵、功能、定位、治理逻辑和发展模式进行全面介绍，以期为社区基金会的健康发展和有效运作提供理论支撑。

二是中国与西方的对话。社区基金会作为一种社区公益慈善组织形态，其首先起源于美国，并在过去的一个多世纪里在全球扩散发展。从这个意义上讲，中国的社区基金会可以说是社区基金会全球化扩散的一部分。但中国的社区基金会又具有其自身的逻辑，它是与中国社会的文化特点、治理制度、社会结构相契合的，因此具有本土化特点。本书对社区基金会的全球化发展情况和本土化进程进行了系统梳理，有助于丰富读者对社区基金会发展规律的理解。

三是不同地区和不同发展模式的比较。中国不同地区的经济发展、治理水平和文化特征差异很大，因此，不同地区的社区基金会既有共性特点，又呈现不同的运作逻辑，形成了社区基金会的多元发展模式。不同地区和不同发展模式的社区基金会既相互借鉴和互动交流，又深嵌于各自的治理体系和经济社会结构之中，它们共同构成了中国城市社区基金会的发展生态。本书对上海、广东、成都等国内主要地区的社区基金会的培育模式和发展情况进行了介绍和比较，从而帮助读者更好地理解社区基金会的本土化逻辑。

四是宏观行业发展与微观组织运作相结合。本书既介绍了社区基金会的整体行业发展态势、地域分布、结构特点，又介绍了若干个典型的社区基金会案例，特别是以笔者担任理事长的上海市凌云社区基金会为例，通过这个微观案例，详细记录了一家社区基金会的成立、发展和治理。通过宏观分析和微观深描相结合，我们既能看到宏观层面社区基金会行业发展的良好前景，又不回避微观层面上社区基金会运作的具体问题。

本书由唐有财和权淑娟共同执笔完成，其中，权淑娟主要负责相关材料的收集和梳理，以及第 2 章和第 5 章部分内容的撰写。华盛顿大学的吴怡烨同学帮助收集了国外社区基金会发展的详细资料，并撰写了第 4 章的部分内容。唐有财负责本书总体框架的构建与其余各章的撰写及统稿工作。

本书的完成离不开社区基金会同仁的支持，这个行业虽然规模很小，不少社区基金会的从业者甚至也缺乏职业认同，但仍然有一些积极倡导者做了大量的推动工作。本书收集的很多材料来自社区基金会行业的推动者和从业者于相关论坛上的分享，如上海市民政局基金会处马国平处长、赵卓群副处长介绍了上海社区基金会的发展情况、成都市民政局江维处长介绍了成都市整体社区营造的相关情况、时任陆家嘴街道党工委书记倪倩介绍了陆家嘴社区基金会的培育思路、广州市社会组织研究院执行院长胡小军和深圳市社会组织研究院院长饶锦兴也在本人主持的论坛上分享了广东社区基金会的行业发展情况，还有中国人民大学社会与人口学院副院长黄家亮教授介绍了北京市社区基金会的发展情况。此外，原洋泾社区基金会秘书长诸昳、现任秘书长任艳萍，原陆家嘴社区基金会秘书长焦兴旭、现任秘书长张佳华，金杨社区基金会秘书长杨彬，凌云社区基金会秘书长欧阳芳，南京市姚坊门基金会秘书长岳耀蒙，蛇口社区基金会的周为民先生，正荣基金会的项目官员吴军军，武侯社区基金会秘书长李济舟，成都市锦江区社会组织发展基金会项目主管潘语，凤凰社区基金会理事长曾木养等都在不同的场合对各自的社区基金会进行了介绍，为本研究提供了丰富的素材。可以说，本书是对他们工作的记录和整理。

我们的研究工作先后得到了上海研究院现代慈善研究中心招标课题“上海市社区基金会的发展状况研究”、上海市教育委员会科研创新计划项目重大课题“城市公共产品供给机制研究”（2017－01－07－00－02－E00008）以及国家出版基金和上海市文教结合项目“高校服务国家重大战略出版工程”等的资助，在此一并表示感谢。

还要感谢华东理工大学出版社周永斌先生、马夫娇女士为本套丛书的策划工作做的大量工作；感谢编辑孟媛利和韩婷的专业性建议，她们为本书的出版付出了大量的心血。作为一个新生的行业，社区基金会在发展和运作过程中还面临很多问题。如同这个行业尚不成熟一样，由于笔者的能力和水平受限，书中难免存误，也敬请读者批评指正！

目　录

contents

第1章　背景、缘起和研究方法

1.1　研究背景

中国正处于深刻而快速的社会转型中，伴随着社会转型，大量的社会问题随之而生，正如管理学大师彼得·德鲁克（Peter Drucker）所指出的，“过去的四五十年中，经济是主导力量，而未来的二三十年中，社会问题会变成主导力量”（彼得·德鲁克，2006）。社会问题需要各种创新的方式来应对和解决，由此催生了各种各样的创新实践，甚至可以说我们进入了一个社会创新的时代。社会创新意味着包括社会组织形式、资源动员方式、权利赋予机制、社会服务方式、社会参与机制等在内的全方位的变革，这些变革构成了社会治理创新的核心内容，也是当前各地社会治理创新实践的重要方向。在社会治理创新的过程中，形成了很多政策工具、工作模式和具体经验，一些社会创新工具和方法或称为一种经验模式很快扩散并形成一种行业生态，本书所探讨的社区基金会就是其中的一种类型。

自1914年美国成立第一家社区基金会以来，社区基金会在全球的发展历经100多年，至今仍是一个比较小的行业，却对社区发展和社区公益慈善事业的发展起到了巨大的推动作用。此后，这一创新形式也开始被广泛复制和推广。自2008年中国成立首家社区基金会以来，社区基金会已成为社会治理创新和社区慈善创新的新趋势，对推动基层社会治理创新发挥着越来越大的作用；它不仅得到了国家政策的肯定，各地政府也积极倡导甚至直接推动成立，而且也引发了学术界和社会的广泛关注。但是，作为一个新生事物，很多社区基金会在成立后也面临着诸多治理、运作和发展方面的难题，如何认识和破解这些难题成了今天学术界和实务界的重要任务。

什么是社区基金会？社区基金会是如何产生的？其背后的制度逻辑、文化逻辑和社会逻辑是什么？中国社区基金会的本土化经历了怎样的发展历程，具有怎样的特点？各地形成了怎样的发展模式？社区基金会是如何治理和运作的，它们是通过怎样的机制来促进社区发展的？未来的社区基金会该何去何从？这些问题构成了本研究的核心关注点。本书通过对宏观层面的国内社区基金会行业的发展和若干个典型社区基金会的微观案例的研究和分析，尝试回答上述问题，并期待能对社区基金会的发展起到一定的推动作用。

1.2 缘起：实践驱动理论研究

本书的研究缘起为笔者从事社区基金会运作的实践需要。近年来，笔者所在的团队主要从事城市基层社会治理研究，尤其关注基层社会治理能力建设这一主题，并参与了上海多个区的社会治理实践指导项目。基层社会治理能力的提升涉及意识改变、方法创新、组织形式、资源配置等各方面的内容，学术界围绕上述主题已经形成了丰富的研究成果，然而如何将这些研究成果转化为社会治理的行动从而提升社会治理的实际效果则需要行动的支撑。正如马克思所说，“社会科学解释世界，更重要的是改变世界”。习近平总书记更是对研究者们提出了“将论文写在祖国大地上”的殷切期望。可以说，如何将学院派的研究成果和鲜活的社会实践结合起来是我们这一代研究者需承担的时代使命。

社区基金会是一个典型的实践走在理论研究前面的例子。由于它是一个新生的行业，国内从事社区基金会研究和实践的同仁也都是“摸着石头过河”，没有现成的经验和模式可借鉴，而国外的社区基金会的成立和发展逻辑也迥异于中国，因此无法直接套用西方的做法。近年来，学术界虽然已经形成了关于社区基金会的丰富研究成果，但这些研究成果主要还是一些介绍性的描述，总体还比较碎片化，围绕社区基金会具体发展和运作的实证研究相对较少。应该说，已有研究对传播社区基金会的理念、促进社区基金会的快速成立具有重要的意义，但对社区基金会具体运作的指导意义则相对不足。这就导致各地实践陷入了这样一种发展困境：一方面，各地都在积极推动社区基金会行业的发展；另一方面，成立社区基金会之后却面临着运作和治理难的问题。总之，社区基金会行业的发展迫切需要更为系统和深入的理论指导。

2017 年 4 月，上海市徐汇区凌云路街道党工委办事处积极响应上海市和徐汇区关于成立社区基金会的倡导和相关意见，由街道全额出资 200 万元成立了非公募的上海市凌云社区基金会。虽然很快成立了社区基金会，但是对于街道而言，社区基金会仍是个新生事物，如何运作好和充分发挥社区基金会的功能是更大的挑战。由于笔者在社会治理研究和实践过程中与凌云街道有着密切的合作，而且作为凌云街道的居民，对街道和社区的情况也比较熟悉，因而得到了街道主要领导的信任和支持，因此，笔者应街道党工委书记之邀担任了凌云社区基金会的理事长，这也为笔者研究这一新领域提供了很好的平台和机会。在凌云社区基金会的运作过程中，笔者深切感受到，无论是学术界还是实务界，对社区基金会的了解都非常不足，对于如何筹集资源、资助项目、完善治理结构、培育社群、推动社区慈善发展等专业知识的了解也非常少，甚至一些社区基金会的从业者缺乏对社区基金会属性和定位的基本认识，导致社区基金会的运作偏离了方向，进而伤害了这一新生行业的发展。作为这一行业的研究者和实践者，笔者觉得有责任对社区基金会行业的基本情况、各地社区基金会的发展模式以及国内社区基金会的典型经验进行梳理和介绍，从而为这一行业的从业者提供一些理论支撑。

1.3　研究方法

本书既包括对国内外社区基金会行业的宏观分析，也包括对国内若干社区基金会治理和运作的案例分析。在收集资料的过程中，主要采用了文献法、访谈法、问卷调查法和多案例研究法等多种方法。需要特别指出的是，本书基于行动研究的方法对凌云社区基金会的成立和发展进行了详细介绍；行动研究法也是本书的重点研究方法，是理论研究和实践干预相互结合的重要体现。

（1）文献法。全面检索现有的关于社区基金会研究的文献。在此次项目实施过程中，需要收集多种相关资料，如有关国内外社区基金会发展的文献，基金会的法律文本、政策文本、制度文件，基金会工作计划、年鉴报告等。文献收集整理主要包括两个部分：一是对社区基金会研究的国内外文献进行全面梳理，特别是对国外文献的梳理；二是对与社区基金会相关的各类法律、制度和政策的文本分析。

（2）访谈法。近年来，笔者与国内一些典型的社区基金会建立了密切的合作关系，在上海市民政局、徐汇区民政局等相关政府部门及众多社区基金会从业者的大力支持下，项目组对十多家社区基金会进行了深入的访谈调研，深入了解了这些社区基金会从成立到运作的全过程。此外，项目组还访谈了多位政府部门的领导、行业倡导者和推动者，邀请了实务界、学术界和政界对社区基金会发展感兴趣的人士就社区基金会的发展做交流，还合作举办了有关社区基金会的会议、工作坊等各类活动。

（3）问卷调查法。为了全面了解社区基金会的行业状况，本书以上海的社区基金会为调查对象，对其进行问卷调查。本次问卷调查的内容主要分为社区基金会的基本情况、财务状况、治理结构、负责人情况和项目管理情况五个方面，以为分析社区基金会的整体行业状况提供数据支撑。

（4）多案例研究法。多案例研究法是一种更严格、科学，具有理论验证能力的研究方法。本书选取了美国、英国、日本、德国的多个典型案例来论述社区基金会在全球的发展。虽然目前中国社区基金会的发展尚处于起步阶段，但是已经有几家社区基金会能够很好地运作了，如浦东陆家嘴社区公益基金会、洋泾社区基金会等，同时还有具有代表性的桃源居公益事业发展基金会、蛇口社区基金会、凌云社区基金会等，通过对这些社区基金会的深入剖析，可以揭示中国社区基金会如何参与社会治理和推动社区公益慈善事业的发展。

除了上述社会科学研究经常使用的研究方法外，本书还重点采用了行动研究方法。正如前面所指出的，本书的写作缘起是基于笔者运作社区基金会的现实需求，这一研究是在实践中形成的，因此是典型的行动研究方法。王思斌指出，"由于社会工作具有价值关联性和实践性特点，所以，采用行动研究方法比起一般的理论性、非参与研究方法更加有效。或者说，一个优秀的社会工作者不但应该具备良好的知识和技巧，也应该具有处理复杂的社会工作任务的能力，其中包括研究的能力。这种研究不是纯粹理论化的构思，而是对于助人过程中出现的问题的科学解释和对于推进助人过程方法的理性的、符合实际的选择"（王思斌，2010）。

与上述传统研究方法相比，行动研究方法的使用还比较少，因此本书会对这一研究方法做一个系统的介绍。

行动研究是第二次世界大战后在社会心理学学科中形成的一种新的研究方法。心理学家库尔勒·勒温于 1944 年在对传统社会科学研究反思的基础上提出了行动研究的概念。在他看来，行动研究是将科学研究者与实际工作者的智慧与能力结合起来以解决某一问题的一种方法。从上述定义中不难看出，行动研究法的特征主要有以下几点：以解决问题、改革实践为目的；研究与行动相结合；研究以研究者和行动者"共同合作"的方式进行，扬长避短；行动研究是一个不断展开的螺旋过程（石英，2018）。因此，行动研究方法也被视为一种"理性的社会管理"，即通过社会实验来回应社会问题，并在这一过程中通过反思不断产生新的知识和有效的行动方法（赵月枝、吕新雨，2019）。

行动研究方法在本书中运用的具体过程和方式包括以下四个方面。

第一，在研究目标上，行动研究方法以改进工作和解决实践问题为目标。本书的核心是解决社区基金会在成立和运作中的实践难题，因此在本书的研究过程中，我们对多个社区基金会进行了调研，评估了其需求和问题，对其具体问题提出了针对性的对策建议。

第二，在研究场域的选择上，注重的是真实的社会情境。在进行本书内容的研究时，笔者更多的是以社区基金会从业者的身份进行了调研，而不是简单地进行结构性访谈，这就为本书的研究提供了自然真实的工作环境。作为一个新的治理主体，社区基金会是嵌入在特定的治理结构中的，运作社区基金会要处理好政府与社区基金会、社区基金会与其他社会组织、社区基金会与社区、社区基金会内部的管理团队等多个层面的关系，这些不同主体的互动博弈过程只有身在这样的真实情境中才能有切实的体会。

第三，研究角色的分配。传统的研究方法将研究者和被研究者视为主体和客体，因此被研究者仅仅是提供信息的客体。行动研究方法则认为，研究者、实践者和其他利益相关者在整个研究过程中都是合作伙伴关系，他们致力于共同的行动目标，需要共同面对研究问题，并共同界定研究的问题、共同分析问题产生的原因及共同寻找问题的解决方案。因此，行动研究是一个持续对话和持续沟通的过程。这一过程的重点不在于如何形成理论，而在于如何破解实践中的难题。

第四，行动研究的一个重要特点是它是一个不断展开的螺旋过程。行动研究是基于研究环境和研究问题的变化而不断进行调整的，是一个更为开放的过程。显然，社区基金会在成立和发展的不同阶段，面临的问题和需求是不同的，解决了第一个阶段的问题就要进入第二个阶段。例如，在社区基金会的起步阶段，面临的最主要的问题是如何形成社区基金会的合理治理结构和专业运作团队；这一阶段的问题解决后，又面临着如何处理好政府与社区基金会的关系、如何获得社区基金会运作的自主性、如何制定社区基金会的发展规划等重要问题，因此，在这一阶段，研究者应重点关注组织关系。待这些问题得到解决后，社区基金会的运作管理、项目设计、筹款募捐等又成了新的迫切问题，就又涉及社区基金会运作的专业化议题，因此，研究者又需要围绕上述议题开展研究。总之，社区基金会在运作过程中面对的问题是不断发展出来的，研究、行动和评估是相互连接且动态变化的，在螺旋上升的过程中可以增进对这一事物的认识，因此，行动研究是本书的重要研究方法。

1.4　研究框架

本书的研究框架如图 1 - 1 所示。

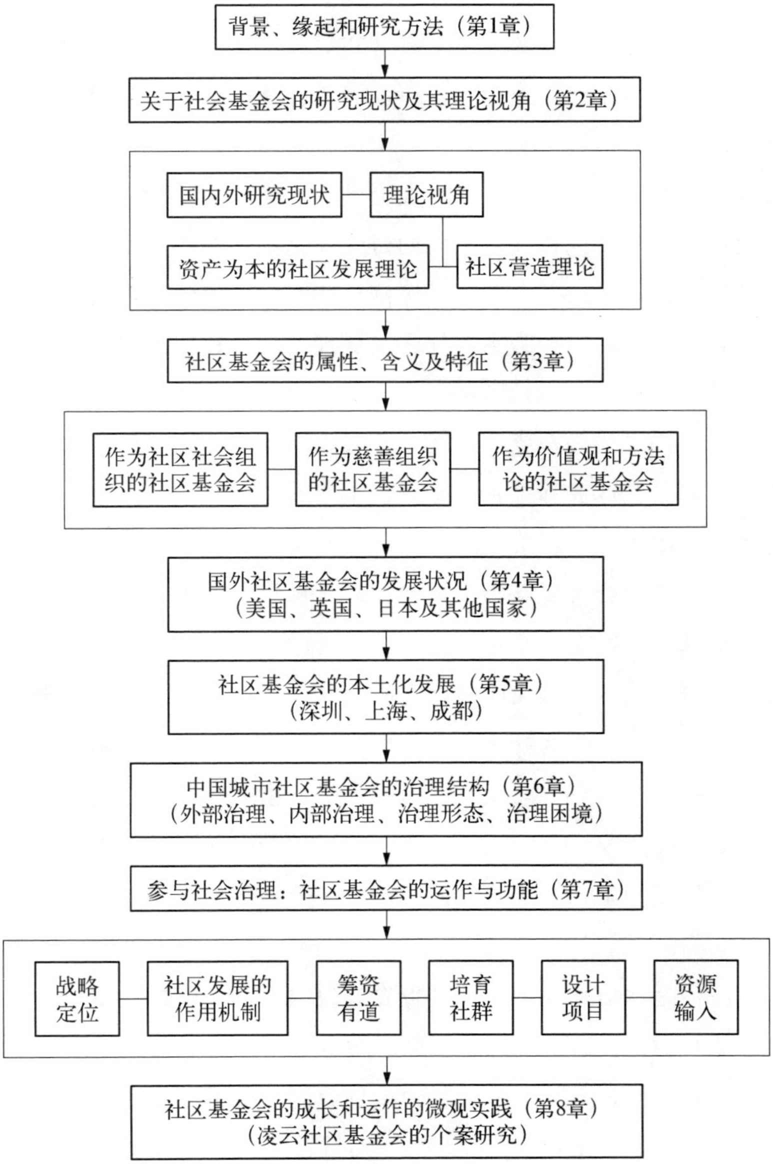

图 1 - 1　本书的研究框架图

全书共八个部分，各章节主要内容如下。

第 1 章即本章，主要介绍本研究的背景、缘起和研究方法。与其他很多研究不同，社区基金会是一个实践驱动研究的领域，虽然国内已经形成了社区基金会的行业生态，但这一领域的研究总体还处于起步阶段。基于这一研究现状和笔者运作社区基金会遇到的具体问题，笔者决定对社区基金会的相关研究做一系统梳理。另外，在研究方法上，除了社会科学研究的主要方法外，本章还重点介绍了行动研究方法的理念和应用。

第 2 章主要是对社区基金会这一主题研究的文献梳理及本书主要理论研究视角的介绍。学术界对社区基金会已经形成了丰富的研究，本章对社区基金会的国内外研究概况、主要的研究议题和主要研究发现进行了详细介绍。此外，针对社区基金会在街区治理体系中的价值和功能，本章提出并介绍了社区营造和资产为本的社区发展理论两个重要的研究视角，这两个研究视角对于推进中国社区基金会的本土化具有重要的启发意义。

第 3 章是关于社区基金会属性、含义及特征的介绍。社区基金会作为一个新生事物，社区性和慈善性是其最基本的两个特点，本章首先了解了关于社区性的四种主要理解范式，然后对基金会的组成体系进行了详细介绍。由于社区基金会主要发端于美国，因此重点介绍了美国社区基金会的体系。在此基础上，本章介绍了社区基金会的含义、特征和分类，并针对当前社区基金会陷入重形式而轻内容的倾向，提出了关于社区基金会本体论和方法论的问题，强调社区基金会更应该作为一种方法，而不仅仅是一种组织形态而存在。

第 4 章主要介绍了全球社区基金会特别是美国社区基金会的发展历程及其特点。研究指出，自成立以来，社区基金会经历了 100 多年的发展历程，它是从精英慈善向大众慈善转型的产物，是一种新型的社区慈善载体，这一载体是逐渐从美国发展到世界其他国家的。随后，本章分析了社区基金会成长的四个阶段，即从捐赠人主导、财务代理人阶段、项目主导到社区领导者阶段，并从文化、社会结构、制度政策和治理变革等多个层面分析了美国社区基金会的成立逻辑。

第 5 章是关于社区基金会的本土化发展及其特点的介绍。这一章指出，社区基金会虽然起源于西方，但也是一种契合了中国社会文化和治理制度的社会创新形式。社区基金会是基金会的一种类型，因此本章首先介绍了基金会的发展历程，然后介绍了社区基金会的空间分布和发展趋势。上海、深圳和成都作为社会治理创新和社区基金会发展最为活跃的城市，其相关政策和发展社区基金会的相关经验尤其值得借鉴。最后，本章分析了社区基金会本土化的原因及特点。

第 6 章主要关注社区基金会的外部治理和内部治理。对于外部治理，主要分析政府与社区基金会的关系；对于内部治理，主要分析的则是社区基金会的内部治理结构。本章首先介绍了行政驱动逻辑下中国社区基金会的定位、社区基金会与政府的几种关系形态，然后基于制度主义的视角分析了社区基金会的内部治理结构和内部治理的几种形态，最后提出了当前中国社区基金会治理的困境和破解之道。

第 7 章主要分析了社区基金会的运作及其作用机制。作为社区治理和公益慈善的新载体，本章首先介绍了社区基金会对社区发展的作用机制。此后，本章从社区基金会的筹款、资助、培育社群、参与社区营造和整合资源等多个方面，对我国一些优秀的社区基金会的典型案例进行了分析。

第 8 章是在前述宏观分析的基础上，借鉴行动研究的方法对凌云社区基金会的成立及运作进行的详细个案分析。通过分析一个微观个案，进一步理解社区基金会的本土化实践逻辑和运作机制。

第2章　关于社区基金会的研究现状及其理论视角

2.1　社区基金会的国内外研究现状

2.1.1　国外学者对社区基金会的研究概况

社区基金会是慈善基金会的一种，其发展距今已有百年。国际学术界对基金会的研究也不过半个世纪左右（葛道顺、商玉生、杨团等，2009），因其当时信息不透明以及缺乏相关理论的支撑，学术界对其关注不多；后来，在全球工业化发展、信息社会的大转型背景之下，美国于20世纪50年代开始出现对现代慈善基金会的相关研究（徐宇珊，2010），主要标志性事件是1956年美国基金会中心主席安德鲁斯（Andrews F E）出版了《慈善基金会》一书，自此，现代慈善基金会的研究进入了大众视野。

社区基金会作为其中一种比较小众的基金会类型，目前与其相关的书籍还比较少；在这之中，大多是关于社区基金会的案例介绍，又或是其仅作为基金会类书籍的某一章节出现。通过对相关期刊文献的搜索整理，我们发现，国际学者对社区基金会的研究主要集中在以下三个方面。

一是关于社区基金会的概念、特征的一般性讨论。例如，就社区基金会的本质而言，道格（Doug Easterling）认为它是一个由当地捐助者成立的存放慈善基金的存储库（Doug Easterling，2008），伊丽莎白和唐纳德（Elizabeth & Donald）认为它是资助型的公共慈善机构（Elizabeth A Graddy，Donald L Morgan，2006）。萨克斯和卡曼（Sacks & Carman）分别在2000年、2001年提出“社区基金会是一种专门服务于特定地理区域、有着多样资金来源的公共慈善机构”（Sacks E W, 2000; Carman J G, 2001），并认为这是它区别于私人基金会、企业基金会等其他类型的基金会的特殊属性。

二是关于社区基金会的组织运作研究，包括对它的战略定位、使命愿景、资助领域、发展策略、运作模式及组织发展存在的问题等的研究。对于社区基金会的运作模式，不同学者划分了不同的类型：伊丽莎白和唐纳德将其划分为捐赠者服务模式（Donor Service）、媒介模式（Matchmaker）、社区主导模式（Community Leadership）三种（Elizabeth A Graddy, Donald L Morgan, 2006）；郭和威廉·A. 布朗（GUO C & William A Brown）将其分为“社区主导”和“以捐赠者为主导”的两种模式（GUO C, William A Brown, 2006）；美国学者伯恩霍尔兹、富尔顿和卡斯珀（Bernholz, Fulton & Kasper）将西方社区基金会的运作模式分为银行模式（Bank Model）和聚集模式（Convening Model）等（L Bernholz, K Fulton, G Kasper, 2005）。还有部分学者就社区基金会应该“以社区为中心”（Community Focus）还是“以捐赠人为中心”（Donor Focus）进行了激烈的争论：2005 年，伯恩霍尔兹等学者认为社区基金会应该最大化地发挥社区优势，聚焦于社区问题与服务（L Bernholz, K Fulton, G Kasper, 2005）；但卢西和凯特琳（Lucy & Katherine）等学者却提出，2005—2025 年，社区基金会将逐渐从机构导向转向社区导向、从资产管理转向长期领导，其定位将从竞争独立转向社区协调（L Bernholz, K Fulton, G Kasper, 2005）；2016 年，哈罗和琼格（Harrow & Jung）则强调，社区基金会要注重资产建设，明确资产收支，要对当地捐赠人负责，保障捐赠人资产的合理有效利用（Harrow Jenny, Jung Tobias, 2016）。

三是关于社区基金会的功能定位和运作机制的研究。2001 年，乔安妮（Joanne）提出了社区基金会在社区发展中的作用机制，即社区基金会可以通过识别社区发展机会来召集相关利益群体，通过规划投资来提升社区发展（Joanne G Carman, 2001）。许多研究发现，社区基金会在促进居民参与、提升社区资本建设、完善社会治理网络等方面效果显著，扮演了地方社会变迁代理人的角色（Doug Easterling, 2008）；与此同时，众多学者在对美国社区基金会进行经验分析的基础上得出，社区基金会具备了筹资与资助的双重功能，并在推动社区建设方面发挥了捐赠者服务（Donor Service）、触媒（Matchmaker）和社区领导者（Community Leadership）三种功能（Graddy，Morgan，2006；Daly，2008；Millesen，Martin，2014）；2012 年，莫特基金会总结了社区基金会在社区中扮演的 5 个功能性角色，分别是本地资助者（Local Grantmaker）、本地问题回应者（Local Responder）、慈善资源管理者（Wise Sreward）、跨界合作推动者（Bridge Builder）和社区议题倡议者（Advocate）。

2.1.2 中国学者对社区基金会的研究概况

中国学者对基金会的研究相对较晚，与其他类型的基金会相比，社区基金会的研究在近几年才开始火热起来。特别是 2003 年资中筠先生在其著作《散财之道——美国现代公益基金会述评》中提出社区基金会的概念后，我国实现了由"类社区基金会"（李莉，2007）向社区基金会的过渡，对社区基金会的研究也由冷变热。主要原因之一是我国对基金会的研究开始得很晚，再有就是社会转型大背景之下国家与政府推动基层社会治理创新，激发了一批实践者与学者的大量参与，才开始有了对这个领域的更多讨论。总体而言，中国学者对社区基金会的研究主要集中在以下几个方面。

（1）关于社区基金会概念的讨论。因学者们对社区基金会中的"社区"理解不同，故而有了以下讨论：2014 年，褚蓥对比美国社区基金会的内容和特征，提出美国的社区基金会不是什么基金会，而是一种社区公益基金组织，他认为，社区基金会并不是指具体的某个社区，而是泛指，同时，"Community Foundation"应翻译为"区域性基金会"或"联合基金会"（褚蓥，2014）；2015 年，徐宇珊等人对照国际惯例提出，社区基金会的核心在于强调本地的概念，而不局限于区域大小，她指出，社区基金会所有关乎资金的"形"都应体现社区参与这一"神"，她认为，社区基金会应该逐渐承担起整合与协调社区资源、指导与支持社区社会组织、发挥社工专业能力的作用（徐宇珊、苏群敏，2015）。

（2）关于社区基金会的案例研究。2015 年，崔开云介绍了美国社区基金会的发展经验，提出除了政府应给予降低准入门槛、提供资金、放松商业活动限制等支持外，最关键的是社区基金会应该增强对社区需求和结构变化的敏感性，并以此做出相应的战略调整（崔开云，2015）。2016 年，原珂等学者介绍了英美社区基金会的发展，提出若要促进中国社区基金会的发展，需要认清使命、抓住需求、提高民众参与和政府支持力度等（原珂、许亚敏、刘凤，2016）。2017 年，韩君介绍了英国社区基金会的发展（韩君，2017），俞祖成介绍了日本社区基金会的发展（俞祖成，2017）。这些经验介绍无疑对中国社区基金会的建设提供了很大的帮助。

（3）关于社区基金会的运作模式研究。大量的案例研究分析了中国社区基金会的不同运作模式及作用，并探讨可行的发展方向。就运作模式的划分来看，章敏敏、夏建中从管理过程的角度将我国社区基金会的运作模式分为混合模式和聚集模式（章敏敏、夏建中，2014）；徐家良、刘春帅根据资源依赖的主体不同，将其划分为政府主导型、企业主导型以及居民主导型三类（徐家良、刘春帅，2016）。然而，不同的运作模式的作用和影响力又有何不同，不同研究者也给出了不同的答案。2016 年，徐家良、刘春帅从资源依赖的视角提出，相较于企业主导型社区基金会和居民主导型社区基金会，政府主导型的社区基金会最能反映中国社区的特点与需求，且其能在政府行政与社区基金会的合作共治格局中发挥更大的作用（徐家良、刘春帅，2016）。2018 年，方勇的分析表明，政府主导型的社区基金会的项目制运作逻辑可在促进社区治理能力提升的同时推进基层政府的逆行政化创新（方勇，2018）；同年，何立军、杨永娇则从社区嵌入的视角对比中国社区基金会的不同模式（政府/企业/居民），他们发现，从社区嵌入的各个维度来看，相较于其他两种，居民主导型的社区基金会是相对理想的模式（何立军、杨永娇，2018）。

（4）关于社区基金会发展的对策建议研究。范斌、朱志伟从政治、社会、文化、实效四个维度分析了政府发起型社区基金会和居民发起型社区基金会的合法性问题，认为两类社区基金会在合法性获取上呈现了差异性互补的特点（范斌、朱志伟，2018）。吴磊通过对上海和深圳的案例比较，得出未来社区基金会是否能实现良性发展取决于其在各种制度环境下能否获取合法性和有效性的强弱程度如何（吴磊，2017）。朱志伟基于个案研究发现，社区基金会通过外部联合和内部重构的发展路径来实现持续性发展（朱志伟，2018）。尹梦琦分析了国内基金会税收优惠制度的缺陷，认为完善社区基金会的税收优惠制度将有助于社区基金会的可持续发展（尹梦琦，2015）。

（5）关于社区基金会的实践意义与功能价值研究。2014 年，饶锦兴等学者在《开放导报》上发表文章《社区基金会的全球视野与中国价值》，其中，他以全球视野分析了社区基金会的定义、功能和运作经验，还提出社区基金会对破解当前我国社区治理困境和弥补社区服务不足有着重要意义（饶锦兴、王筱昀，2014）。2017 年，胡小军、朱健刚通过多个个案研究对中国社区基金会的数量、类型、发展脉络、特征等进行了详细的分析和讨论；研究发现，中国的社区基金会虽受到全球化的影响，但更多是地方政府和社会为了突破当下中国城市社区社会组织发展资源不足的瓶颈而寻求的本土化解决道路，所以，社区基金会最重要的作用在于吸纳本地资源，并将地方社会资源与社区社会组织进行链接。在此基础上，胡小军、朱健刚也总结了当前我国社区基金会面临的紧迫性关键问题，如如何减少政府干预和激发民间活力，如何克服内部治理“失灵”、构建多元筹资体系，以及如何提升其战略资助能力等（胡小军、朱健刚，2017）。田蓉认为，社区基金会在中国当前社会脉络下实际面临着募款功能待开发、管理能力待提升的“准资源平台”的现状，随着资源平台功能的有效发挥，社区基金会可以发展为社区中具有影响力的引领性社区组织（田蓉，2017）。王宁就上海市福山路跑道花园项目的实施过程及效果进行了分析，研究表明，社区基金会的有效运作实现了社区公共空间的营造。刘建文、王巍认为，社区基金会是促进社区自治发展的新思路，并据此提出了社区基金会本土化建设的意见（刘建文，2008；王巍，2006）。

2.1.3 对国内外研究的简要评述

通过对文献的归纳总结发现：首先，国际学者对社区基金会的研究多集中于组织本身，研究其发展中的使命愿景，以及不同发展阶段的组织战略定位、资产规模、运作模式、治理的效用、问题的优化等；与西方社区基金会自治逻辑的产生背景不同，中国的社区基金会更多是政府主导型的社区基金会，它们呈现成立时间短、组织规模小等特点，因此，目前中国学者对社区基金会的研究整体数量较少，且缺乏学理性的深层次讨论。

其次，大部分文章只停留在对国外社区基金会的案例描述上，或是套用美国社区基金会的概念来解释中国的社区基金会，但众所周知，不同社会文化背景下的社区基金会多"形似而神不似"，不可简单地相提并论。因此，本书会在详细系统阐释中外社区基金会发展史的基础上重点关注中国本土的文化及制度背景，通过选择不同地区、不同模式、不同规模的案例来说明中国社区基金会的整体运作情况、治理结构和发展路径等。

最后，就目前来看，中国社区基金会的研究更多聚焦于比较宏观的层面，而缺少微观的组织生成路径及运作机制的说明，还缺少与其他相关主体的互动研究等，这对于当前本土的个体社区基金会的借鉴意义不是很大。因此，本书会在社区基金会与政府、社会组织、社区等互动研究的基础上，分析社区基金会的功能价值实现路径，以期为社区基金会的相关研究者及实务工作者提供一个系统而全面的社区基金会用书。

2.2　理解社区基金会的理论视角

既有的关于社区基金会的研究总体以描述性介绍为主，理论层面的探讨相对较少。本书认为，社区基金会是兼含社区性和慈善性双重属性的社会组织，学术界关于社区治理、公益慈善和社会组织的相关理论都集中在理解社区基金会的重要理论基础上。例如，我们可以从治理的视角来理解这一新的社会治理主体是如何参与到社会治理实践中的，也可以从组织社会学的视角来理解社区基金会的组织运作逻辑，或从公益慈善的视角来分析社区基金会是如何推动社区慈善发展的。总之，针对不同的问题，需要的理论视角也不相同。本书在选择理论视角时更为关注的问题是，社区基金会这一新生事物在当下的基层社会治理中具有什么独特的价值和功能，什么内容构成了社区基金会的核心竞争力，中国社区基金会的未来发展方向是什么？本书认为，引导和促进社区营造、实现社区公共资产的保值增值以及构建良好的社区治理生态体系是社区基金会这一创新形式最为重要的功能，也是它的组织使命，因此，社区营造理论和资产为本的社区发展理论便构成了理解社区基金会的重要理论视角。

2.2.1 社区营造理论

严格来说，社区营造并没有形成一个理论体系，主要表现为一种价值理念和实践方法。20 世纪 50 年代，联合国在全球推广被称为“Community Building”或“Community Development”的社区发展运动，这一项目旨在通过社区自身的力量来促进社区协调与整合。第二次世界大战后，日本开始兴起“社区营造”运动，开展了诸如改善居住环境、保护自然环境、满足居民需求、提升社区活力等丰富多彩的活动，在社区环境治理、就业、教育和社会保障等方面发挥了积极作用（胡澎，2013）。

在日本，社区营造是在对传统社区规划理念进行批判的基础上形成的。第二次世界大战前，传统的城市发展规划被认为是国家和专业部门的工作，城市发展规划的法律制度制定、城市规划的设计和实施都主要由城市规划委员会等相关政府部门主导，普通民众被排除在这一体系之外，只有在涉及征地拆迁、土地补偿等问题时，政府部门才会与普通民众对话，因此很容易在社区规划中出现矛盾。社区营造正是基于对上述社区规划体制的批判和反抗而产生的，与自上而下、政府行政力量主导、专业主义为本的社区规划不同，社区营造强调的是自下而上、民主化和居民参与。因此，“社区营造”概念是与“城市规划”概念相对的（王本壮，2017）。例如，日本学者宫崎清认为，社区营造因社区崩坏而产生，故而需要积极探索解决社区问题的良方，以期“创造更好的生活环境”（陈玲芳等，2010）。

20 世纪 90 年代后，借鉴日本“造町运动”和“地方文化产业”的相关经验，我国台湾也开始引入社区营造的理念和做法。1994 年，台湾“文建会”实施社区总体营造计划。它将社区营造界定为“以‘社区共同体’的存在和意识为前提和目标，借着社区居民积极参与地方公共事务，凝聚社区共识，经由社区的自主能力，配合社区总体营造理念的推动，使各地建立属于自己的文化特色，也让社区居民共同营造‘产业文化化，文化产业化’‘文化事物发展’‘地方文化团体与社区组织合作’‘整体文化空间及重要公共建设的整合’及其他相关的文化活动”。“文建会”将社区营造的目标确定为“造景、造产和造人”，其中最为核心的是“造人”。社区营造介入的领域非常广泛，包括环境保护、景观改造、社区文化、地产产业开发等。当时的社区营造非常注重对社区文化资源的挖掘和利用，其介入的路径主要是发展文化产业、文化团队、文化空间和公共文化等。

近年来，社区营造的理念也被引入中国内地。成都市 2016 年实施全面开展城乡社区可持续总体营造行动，这是我国内地首个由政府部门正式发文实施的社区营造计划。成都市政府提出，社区可持续总体营造行动的目标是在居民自发组织的过程中塑造公民意识，构建社区的主体性，提升社区的社会资本，提供社区公共产品，解决社区冲突与问题，提升居民的生活品质和幸福指数。自组织团队建设和居民协商议事是成都市推进社区营造的两个主要切入点，也是契合中国城市基层社会治理特点和需求的营造模式。

在社区营造的丰富实践的基础上，一些研究开始探讨社区营造背后的理论逻辑。罗家德认为，“社区营造”就是通过政府引导、民间自发、社会组织帮扶，使社区居民自组织、自治理、自发展，共同解决社区所面对的公共议题的过程。在他看来，社区营造最核心的是社区自组织的培育，因此，关于自组织的相关理论是社区营造的重要理论基础。自组织（Self Organization）是一群人基于自愿的原则主动结合在一起，它具有以下特点：一是一群人基于关系与信任而自愿地结合；二是结合的群体产生集体行动的需要；三是为了管理集体行动而自定规则、自我管理（罗家德，2017）。罗家德提出，社区营造是一种专业技能，其目的不只是营造社区，更重要的是“造人”，为此他提出了社区社造化、组织（枢纽型）社造化以及行政社造化三个抓手，并以此构建社区营造的实践体系（见图 2－1）。

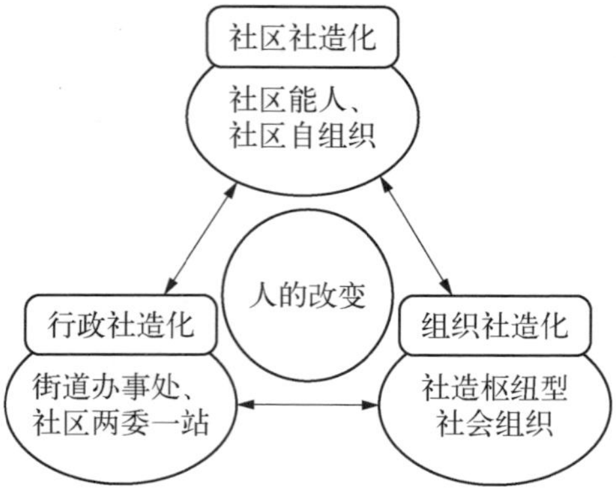

图 2－1　社区营造的三个社造化①

在社区营造的实践路径方面，千叶大学教授宫崎清主张将社区营造的议题区分为“人”“文”“地”“产”“景”五大类。“人”是指人的资源，即满足社区居民的需求、经营人际关系、提高生活福利；“文”是指文化资源，即继承和发展社区共同的历史文化，开展文艺活动，对市民进行终身教育等；“地”是指自然资源，即保护自然环境和社区环境，促进可持续发展；“产”是指生产资源，即社区的产业与经济活动；“景”是指景观资源，即社区公共空间的营造、生活环境和独特景观的创造等（卜希霆，2016）。

张和清等基于台湾社区营造的相关经验，指出社区营造本身是要实践社区主义精神，社区主义的核心是充分发展及体现社区的自主性和主体性。社区发展的关键工作就是“培力”，即培育社区人才，让社区成员经历增能（赋权）过程，从而使社区成员肯定自我价值、权力和能力。他指出，从整体生活的视角看，对人的营造就是社区营造的核心，而社区参与是社区营造的主轴。其中，“造人”是目标，“造社区”是方法与过程（张和清等，2016）。

总之，社区营造强调的是注重居民参与、自下而上、社区自主、公私合营、社会创新、永续经营，它与注重“公共人”的培育等核心理念和社区基金会的理念有高度的契合性，对于指导社区基金会的运营具有重要意义。

2.2.2　资产为本的社区发展理论

社区基金会是社区公共资产的专业管理者，因此资产为本的社区发展

① 罗家德，梁肖月．社区营造的理论、流程与案例［M］．北京：社会科学文献出版社，2017。

理论是理解社区基金会的另一个重要的理论视角。学术界对社区发展的理解存在两种视角：一是“问题—需求”导向的社区发展观，二是“优势—资产”导向的社区发展观。长期以来，指导社区发展的理论主要是第一种视角。“问题—需求”导向的社区发展观主要关注社区的问题、短板和需求，着重强调如何去解决这些问题；在这一视角下，社区里的弱势群体、荒废的空间、闲置的二手物品等对于社区的发展来说都不具备价值，甚至是一种负担。第一种视角下的社区发展观看不到社区具有改变自己的内在潜能，社区的居民被视为一群需要被服务和被帮扶的对象，而其主体性则被忽视了。而“优势—资产”导向的社区发展观旨在开发和建设一个社区的内在能力——建设和加强社区的资产价值，它更侧重于关注社区自身的实力和成就，也利于居民获取自信（黄瓴，2012）。

资产为本的社区发展理论是“优势—资产”导向的社区发展观的重要体现和发展。资产为本的社区发展理论由美国社会政策学者克雷茨曼、麦克奈特（John P Kretzmann & John L McKnight）提出。1993 年，他们在《社区建设的内在取向：寻找和动员社区资产的一条路径》一书中提出了资产为本的社区发展模式（Asset-based Community Develpment，简称 ABCD 模式），并将此前的社区发展模式命名为“社区需求或社区缺失”（Needs-based or Deficits-based Approach）取向的社区发展模式（文军、黄锐，2008）。资产为本的社区发展模式提出，应以社区资产或社区优势为介入重点，其特点主要体现在三个方面：一是资产的取向，即强调不是从社区问题或需要出发，而是从社区拥有的资产或优势出发，进而介入社区；二是参与取向，即强调社区居民自身参与社区发展的能力；三是关系取向，即强调居民和社团之间的接触，以及各种网络关系的建立。其中，第二点尤为重要，它强调了社区居民、小组及团体去界定社区问题及参与推动社区事务的能力。社区居民生活在社区内，他们才是最了解社区的基本情况、知晓社区的优势与强项的人，也只有他们，才是解决社区问题及发展自己社区的专家。社区内的小组及团体熟悉社区内各项活动的开展，最清楚活动开展过程中取得的一系列积极成果以及还存在的问题，懂得如何利用社区的资产、发动社区的内在力量和资源去推动社区发展（文军、黄锐，2008）。

张和清等学者指出，资产为本的社区发展理论的核心在于关注社区资产、解决问题的能力和关系驱动的社区发展过程，其基本理念包括增权、成员资格、抗逆力、对话与合作（张和清、杨锡聪、古学斌，2008）。

资产为本的社区发展便是重新检视、使用及发展各种社区资产，将被“弃置”“淘汰”的人、物和土地等生产因素串联起来，并使其成为可以重新再利用的资源，且为其提供一个另类的交易系统和生活空间（Giloth R P，1998：11－27）。斯诺指出，社区资产包括本地居民的技艺，地区居民组织的权力，公营、私营、非营利机构的资源及当地的物资和经济条件。资产建立模式的核心前提是每个人都具有能力、潜质和天赋等，关键是要挖掘并抓住这些资源，并列出社区及个人能力清单（Capacity Inventory）（Snow L K，2001）。

社区营造理论提出社区内包括“人、文、地、产、景”等社区资源，资产为本的社区发展理论也指出社区里包含了个人资产、物质资产、组织资产和文化资产等各种类型的资产。其中，个人资产主要指社区居民的人力资本，如职业技术、个人才能和经验等；物质资产有地理位置、绿地、能源、产业等；组织或机构资产如医院、学校、图书馆、电视台、政府部门、第三部门等；文化资产如历史文化遗产、民族构成、生活方式等（John P Kretzmann & John L McKnight，1993）。

如何将资产为本的社区发展理论运用于社区营造实践，克雷茨曼和麦克奈特勾勒出一套可在社区中绘制资产（Map Assets）和建设能力（Build Capacities）的社区实践工具，模型的核心是关系（Relationships），资产绘制和能力建设在社区中便是确定资源和促进社会关系。个人（Individuals）、社团（Citizens Associations）和地方正式机构（Local Institutions）涵盖了每个社区资产基础的大部分内容，共同构成了“社区资产地图”（Community Assets Map）的主体内容（Kretzmann，McKnight，1993：5－7）。

邓肯（Duncan）整理了“ABCD 模式”的八个行动步骤，具体包括以下八个方面。

（1）鼓励参与及促进成员融合。作为起步，社区应该直接邀请社区成员参与制订工作方案及做出行动决定；在聚会中鼓励不同人表达不同的意见，并让参与者掌握全部的信息。

（2）聚焦于社区的资产建设。在过程中应不断观察有领导能力及为人所普遍接纳的成员，鼓励其成为核心参与者，并在聚会中提升大家对发掘社区资产的兴趣和积极性，而不是停留在分享社区的不足与问题上，共同寻找一些具备可持续潜质的社区发展行动方案，而这些方案必须以发挥社区成员能力和发掘社区资产为依归。

（3）有意识地树立社区成员的责任感和承担意识。鼓励大家尝试共同合作并行动，不应只停留在计划阶段。在行动过程中，不断鼓励社区成员进行意见表达和经验分享，并建立对平等、互相尊重及以集体利益为重的认同。

（4）学习合作及巩固合作关系。行动过程必须体现共同合作而非个人表演，既要重视各人的独特性，又要鼓励发挥各人所长，所以成员必须学习专注聆听及寻找共识等技巧。

（5）注重行动计划的全面性。所谓全面，最少有三个层面的意思：一是关注焦点，尽可能不要被割裂，要理解如居住、健康、教育等的相互影响；二是尽量鼓励不同社区团体、政府单位的共同参与；三是行动可以包含社区经济、网络发展甚至是社区服务等。

（6）坚持多元。鼓励社区成员之间理解并接受大家的独特性，从差异中寻找共通点，学习共处。

（7）不断学习。在社区中塑造学习与成长的氛围，并鼓励不要一成不变，要不断创新。

（8）重视成果。经常检讨行动的进展，从经验中学习，并确立社区发展必须经历长时间的努力才有良好的进展的信念。

文军等学者指出，在社区发展的介入模式上，寻找问题和评估需求并不是我们的终极目的，恰恰相反，如何促进社区潜能的增长及优势的发挥才是我们追求的目标。就此而言，无论是需求取向的社区发展模式，还是资产取向的社区发展模式，其最终的目标可能是一致的，即都是促进人、社区与环境的和谐发展（文军、黄锐，2008）。

本章对上述两个理论视角进行简要介绍是想表明：参与社区营造和提升社区公共资产是社区基金会的重要使命和发展方向。作为兼具“社区性”和“慈善性”功能的社会组织，社区基金会不能仅仅局限于传统的救贫帮困等传统慈善事业，更不能只是作为政府部门的下属机构协助其完成行政性工作，而应充分发挥其组织优势，在推动公益慈善创新、街区共同体打造和激发居民主体性等方面发挥更大的作用。

第3章 社区基金会的属性、含义及特征

社区基金会是公益慈善的新组织、新形式，是社区治理的新载体。作为一种公益慈善和社会治理的重要创新形式，社区基金会承载着推动社区发展、传播慈善文化、培育社群的使命。认识社区基金会是推动社区基金会健康发展的前提，对社区基金会的正确理解不仅关乎社区基金会的发展目标和运作方式，还利于规避社区基金会发展中可能面临的风险和陷阱。由于社区基金会是一个新生事物，国内对这一组织系统的研究相对较少，因此本章我们将对社区基金会的属性、内涵和特征做一个简单的介绍。

3.1 作为社区社会组织的社区基金会

社区基金会从字面上说就是“社区”加上“基金会”，亦即兼具社区性和基金会的双重属性。相较于其他基金会（如私立基金会、运作型基金会、家族基金会等），社区基金会是源自社区、了解社区、扎根社区、代表社区、服务社区的，它在社区服务和发展方面具有更大的信息和组织优势。而相较于其他社区组织（如社区自治组织、各类社工机构），它又是基金会，即主要是用以筹集资源、提升社区资产的。因此，要理解社区基金会，首先需要理解社区和基金会。

3.1.1 关于“社区”的理解范式

在现代社会治理体系中，社区是现代公民社会的基础（李友梅，2017）。正如不少学者所指出的那样，从社会认知的意义上来说，社区是

人们认识社会运行逻辑的一个重要渠道，把握住社区，也就把握住了在一定空间条件下的具体人群及其社会关系（沈原等，2017）。

“社区”成为学术研究概念则要追溯到德国社会学家滕尼斯，后来经过学术界的不断发展，社区研究已经成为社会科学界的重要研究领域，也是争议较多的研究领域。实际上，人们对社区并没有一个统一的概念，1955 年，美国社会学家希勒里就指出，在社会学中，对社区的定义竟高达 94 种。20 世纪 80 年代，杨庆堃先生更是梳理了 140 多种关于对社区的理解，这表明“社区”虽然有一些共同的特点和元素，但是在不同情境中，它仍是一个多元化的存在，当人们在探讨社区时，所指涉的内涵和外延可能并不相同。

如果对学术界关于社区的主流研究做一个梳理的话，大体来说，关于社区有四种理解范式。这四种理解范式在一定程度上也形塑了社区基金会的不同形态。

第一种范式是文化、心理和情感意义上的社区。这一范式也是社区最开始的本源性含义。“社区”一词源自拉丁语，在拉丁语中是“共同的东西”“亲密伙伴的关系”的意思，强调的是共同体性、情感性和关联性。早期以滕尼斯为代表的古典社会学家所说的社区主要指的就是这一意涵。滕尼斯认为，社区是“由同质人口组成，具有一致价值观念、关系密切、出入相友、守望相助、富有人情味的社会群体”（滕尼斯，1999）。滕尼斯对社区的定义具体强调情感和共同体基础，认为这是一个彼此具有认同感、安全感和凝聚力的社会群体。在滕尼斯那里，社区（Gemeinschaft）和社会（Gesellschaft）代表的是两种不同的社会形态：前者代表前现代社会的社会联结；后者代表的是现代工业社会的社会关系，是建立在外在利益合理的基础上的，是以契约、交换与计算为形式的社会联系或共同生活形态。滕尼斯本人在情感上更加偏爱“社区”这种社会关系形态，他认为，“共同体是持久的和真正的共同生活，社会只不过是一种暂时的和表面的共同生活。因此，共同体本身应该被理解为一种生机勃勃的有机体，而社会应该被理解为一种机械的聚合和人工制品”（滕尼斯，1999）。不过，虽然在滕尼斯看来社区代表的是一种持久的情感共同体，但这种共同体并不是基于个人权利的联合，它在某种程度上是压制和否定个人权利的，而现代社会的关系形态最重要的特点是对个人权利的肯定和尊重，虽然其在社会关系上更加冰冷，但却代表着现代社会的发展方向。

作为一种心理和情感意义上的社区，它并不是建构和生产出来的，而是在长期的自然、历史和文化的基础上培育和生长起来的。在现代社会中，居民之间的这种心理和情感的文化认同与社会联结在走向现代化的过程中遭遇了严重的挑战。人与人之间更多的是利益性的关系，社区的情感和文化认同不断式微，这也导致了社区的内聚力不断下降，甚至出现了社会原子化的结果，以致一些学者提出了社区消失论。如何在保持个人主体性和权利的基础上仍然可以实现形成社区心理和情感共同体的目标？这是如今的社区建设面临的巨大挑战，但并不代表这种共同体是无法实现的。社区里活跃的各种社群、基于邻里关系而建立的各种初级组织、社区里的互助关系网络，都是培育心理和情感社区的重要切入点。

第二种范式是空间意义上的社区。以芝加哥学派为代表的美国社会学主要秉持这一范式和视角。芝加哥学派的著名代表性人物帕克（R E Park）在《人文生态学》中就把“Community”看作以区域为单位组织起来的人群，他们不同程度地深深扎根于居住的“地盘”，生活在多种多样的依赖关系之中，这种相互依存关系与其说是社会的，不如说是共生的（王小章、陈宗仕，2018）。在帕克看来，社区是占据在一块被明确地限定了地域的人群的汇集，因此，空间是社区最为重要的特点。另一个芝加哥学派的代表性人物 E. W. 伯吉斯也强调了社区的地理环境。空间范式的社区理论更为关注空间规划，以及在特定空间范围内的相关主体的生态关系。需要指出的是，中国早期的社会学发展受到芝加哥学派的很大影响。20 世纪 30 年代，芝加哥学派的代表性人物帕克更是到中国授课，把社区研究带到中国。费孝通先生在翻译“社区”这一概念时就突出了它的地域属性。那么，空间意义上的社区需要讨论的社区范围应该是多大，最为合适的治理单位是什么，空间是封闭的还是开放的，不同类型的空间结构对于社区治理和社区生活具有怎样的影响……这一系列问题，都留待我们继续讨论。

第三种范式是行政管理意义上的社区。中国的基层社会治理所探讨的社区主要指的是作为基层治理单位的社区。随着单位制的逐步解体，中国城市的基层治理体制也出现了转型，社区作为一个社会管理的概念被我国政府所采用，政府按照“便于服务管理、便于开发资源、便于社区居民自治”的原则来划分社区。20 世纪 80 年代中后期被引入的社区概念，最开始主要强调“社区服务”，后来逐步发展到“社区建设”“社区治理”等新理念。可以说，社区是中国城市居民最为熟悉的概念，也是与他们的生活最为密切的概念。城市社区的范围一般是指经过社区体制改革后做了规模调整的居民委员会辖区。根据多数城市社区体制改革的实践，大多数社区居民委员会下辖 1 000~1 500 户居民。另外，从社区治理的角度看，除了居民区外，辖区内的各类机关、企事业单位也是社区治理的重要主体，因此，这里的社区实际具有“类行政区划”的意涵。居委会既是居民区的自治组织，同时也是基层政权的组织形式，因此承载着国家治理社会、保护居民利益和促进社会整合的多重目标。从体制上看，我国目前的城市社区依然是“行政区—社区”的模式，大量权力和公共资源都掌握在上级政府手中。同时，我国现阶段社会资本基础薄弱，居民参与程度低（刘征，2007）。城市社区由于高度行政化而导致自治性不足，社区居民的归属感和共同体意识也相对较弱。因此，如何改变政府角色、促进社会分权、激活基层社区、促进基层自治、重构政府与社会的关系将是社区治理的长期目标。行政管理范式下的社区主要关注的是社区内具体的组织单位、组织体系和内部的权力关系、社区的资源配置方式，以及行政化和自治化之间的张力。

第四种范式是互联网社会的虚拟社区。在今天这样一个互联互通的时代，互联网逐步成了人与人连接最为重要的方式，特别是随着各类网络技术的开发和应用，基于互联网而形成的虚拟社区已成为一种新的交往方式。瑞格尔德（Rheingold）认为，虚拟社区是指“一群主要借由计算机网络彼此沟通的人们，他们彼此有某种程度的认识、分享某种程度的知识和信息、在很大程度上如同对待朋友般彼此关怀，从而所形成的团体”（Rheingold，2000）。与现实社区一样，虚拟社区也包含特定的场所和人群，以及由此形成的组织、互动和认同。常见的虚拟社区形态如 BBS、微信朋友圈等，虚拟社区的主要类型包括交易社区、兴趣社区、关系社区和幻想社区等。在这些虚拟社区里，那些具有相同爱好、经历和业务的人群在网络空间里相互交流和互动。除了与实体社区具有一些共性特点外，虚拟社区还具有一些特殊属性，如超时空性、符号性、虚拟性等。对于社会治理而言，虚拟社区带来的一个重要挑战即互联网的去中心化，这种去中心化使得基于传统权力的治理模式逐步式微，需要构建基于多中心的治理模式。

需要指出的是，上述关于社区的四种范式都是韦伯意义上的理想类型。正如社区概念所指出的，社区的共同元素并不只是单一的情感联系或者权力关系。2000 年《民政部关于在全国推进城市社区建设的意见》中界定，社区是指“聚居在一定地域范围内的人们所组成的社会生活共同体”。从这一概念界定中可以发现，社区是我们生活的场所，这样的空间里包含了利益、情感、认同、交往等各种要素。因此，重塑社区的公共性、构建温暖的社区共同体便是社区治理的重要目标，也是社区基金会的重要使命。

3.1.2　关于“社区基金会”的理解范式

对社区的不同理解和界定导致了社区基金会的多样化和差异化。实际上，美国很多社区基金会中的“社区”是多层次的，“社区”可理解为“共同体”之意，也可以理解为一个县、一个州甚至整个联邦，因此在各种行政区划的层次上都可能设立社区基金会（褚蓥，2014）。中国还没有出现像美国那样典型的公众支持的社区基金会，而是基于社区的不同范式形成了不同形态的社区基金会。

第一种是心理和情感范式的社区基金会，即这里的社区并不是基于特定的空间或者行政权力，而是基于共同旨趣、共同情怀或者共同理想的社群而形成的社区基金会。国内最为典型的是上海的美丽心灵社区公益基金会。与其他依靠行政力量形成的社区基金会不同，美丽心灵社区公益基金会是由一群具有专业心理学和社会学背景的公益人士资助成立的，它主要为社区弱势群体提供心理援助，并为志愿者提供专业培训。参与美丽心灵社区公益基金会的主要是 1 000 多名志愿者，他们都有自己的本职工作，有心理咨询师、心理学专家、教育工作者、企业高管、白领和企业主管等；他们之所以参与基金会，很大程度上是基于其内在的价值和情感认同；他们的服务范围也不局限于某个特定的街道或者社区，而是基于服务对象的需求；因此，这一社区基金会的“社区”，是更符合心理和情感意义的社区。

另一个接近此类范式的社区基金会是深圳蛇口社区基金会。该社区基金会成立于 2014 年 12 月，是由 89 个社区居民自发成立的，这些发起人虽然年龄跨度很大，职业背景和工作经历也不相同，社区基金会也没有官方背景，但是他们有一个很强的身份认同，即“蛇口人”。根据发起人之一的周为民先生介绍，成立蛇口社区基金会的一个重要原因是纪念和缅怀中国改革开放的先锋人物、改革开放试验田“蛇口模式”的探索创立者袁庚先生。因此可以说，蛇口社区基金会是基于强烈的社区心理和情感认同成立的。

第二种是空间范式的社区基金会。空间范式的社区基金会是指此类社区基金会从成立到运作都具有鲜明的空间性，即它是由特定空间内的人发动成立，并在特定的空间内开展服务的社区基金会，而且这种空间具有一定的封闭性和排斥性。不过，不同社区基金会所服务的社区范围是有差异的。例如，广东省千禾社区基金会（以下简称“千禾社区基金会”）是由一批珠三角的公益人士发起成立的，其宗旨就是立足于广东和珠三角，为有需要的社区提供援助，推动贫困社区的改变及可持续发展；这里的社区实际上是一个区域的概念。而深圳光明区凤凰社区基金会（以下简称“凤凰社区基金会”）所在的凤凰社区则是一个占地 9.35 平方千米的社区，是一个集体经济相对发达的集中村落；在这里，社区是一个村庄的概念，其服务对象也是本村村民。而上海的大部分社区基金会则以街道为界，其服务范围主要局限于本街道的居民。当然，空间范式的社区基金会在开放性和流动性上都遭遇了很大的挑战。正如伯恩霍尔兹、富尔顿和卡斯珀在《新希望的边缘：美国社区基金会的未来》中基于美国社区基金会的研究所指出的那样，由于社会的日益多样化、交通方式的进步、科技的发展，使得“地方”的概念更加模糊，捐助者们可能居住和生活在不同的地方。此外，随着时间的推移，跨地界的公民和专业服务机构的激增使得个体有更多表达他们基本的根源和身份的机会（Bernholz，Fulton & Kasper，2005），如美国近年来具有很大影响力的硅谷社区基金会，它早已突破了传统社区的空间意义。2017年起，硅谷社区基金会所资助的项目中，19.7%的项目落在硅谷，14.2%的项目落在湾区，6.3%的项目落在加利福尼亚州，52.0%的项目落在美国境内的其他地区，还有7.8%的项目则落在美国境外。这说明，硅谷社区基金会所理解的社区的边界是富有弹性且不断扩大的，其完全视捐赠者对“硅谷”的理解和认同而言。

中国的城市社区基金会同样面临这样的难题：第一，如果限定了空间，则其社会影响力、筹集资源能力、服务对象等都会受到很大的限制；第二，居民身份的多样性和流动性也使得这种空间意义遭遇挑战。例如，社区基金会的服务对象是否应该涵盖流动人口？这就是实际运作中经常面临的问题。

第三种是行政管理意义下的社区基金会。由于中国的社区基金会主要是行政驱动的，因此中国的大部分社区基金会都属于此类型。正如前面所指出的，中国的城市社区既是生活的单位，也是治理的单位，因此，社区是高度行政化的。这种行政管理范式下的社区基金会主要体现为它是由政府发起成立并主要在政府所管辖的范围内运作和服务。上海的大部分社区基金会的“社区”是指街镇这一层级的范围。例如，笔者所在的上海市凌云社区基金会就是由凌云街道出资成立的，其服务范围主要是凌云街道所辖的空间范围和社区居民，社区基金会所用的“凌云”二字也是街道的名称。再如，成都市武侯区社区基金会是由武侯区政府推动成立的社区基金会，它的服务范围是武侯区，其行政层次和范围更高；它也是行政和空间意义上的社区基金会。二者只不过在行政级别和空间范围上有所不同。这种行政管理范式下的社区基金会在成立、治理和运作过程中都有很强的行政逻辑。此外，由于中国的基金会体制与西方的不同，很多社区基金会都是由政府主导发起的，具有浓厚的“官办”色彩，一些学者对于这样的社区基金会是否属于国际定义的社区基金会还存在很多争议（威廉·瓦尔德曼等，2016）。

第四种基于虚拟社区意义的社区基金会目前尚未出现。然而，各种类型的社区基金会通常都会借助互联网来培育社群，并且依托这些网络社群来传播信息、筹集资源，因此其对社区基金会的运作的影响也是不可忽视的。此外，很多公益慈善机构通过各类网络平台来募集资源，这也表明虚拟社区意义的社区基金会具有很大的发展潜力。

当然，正如社区的类型是理想型一样，社区基金会也是如此。无论是上述哪种社区基金会，都包含了特定的服务范围、权力运作和情感认同，这些要素都是具有弹性且不断变化的。如中国的社区基金会虽然大多是行政驱动成立的，在一定时期内，其“官办”色彩还很浓厚，然而，随着社区基金会运作的不断规范化和专业化，特别是社区基金会逐步深入社区、得到社区居民的认同、在治理和运作中逐渐社会化，它也可以成长为情感和认同意义上的社区基金会。鉴于此，本书认为，我们不应该对社区基金会做简单的归类，也不应该静态地看待这一新生事物，而应该通过理论研究、政策指导和行动干预等各种方式，逐步引导社区基金会成长为社会化运作、社区居民高度认同、具有强大整合能力和资源动员能力、专业化运作的、理想意义上的社区基金会。

更为重要的是，讨论社区基金会的“社区”范式并不是为了分类和界定，而是要强调“社区性”是社区基金会的本质属性，即社区基金会必须致力于社区发展，社区基金会的价值是在构建社区美好生活的过程中得以实现的，即社区基金会应该有助于解决多样化的社区问题、改善社区弱势群体的生活、促进社区居民的社区参与和民主自治、增强社区自主发展的能力等。

3.2 作为慈善组织的社区基金会

社区基金会是基金会的一种类型，是公益慈善的新理念、新形式和新发展，因此，慈善性是社区基金会的另一重要属性。慈善是一种理念、一种文化、一种行为，是一种在同自然和社会的斗争中互帮互济、抚慰灵魂、提升精神境界的需要，是对自然和超自然力量的敬畏，也是对自己和同类命运的关心。① 传统的慈善主要是指社会公众建立在自愿基础上对社会弱势群体的无偿救助行为，通常指的是给穷人或其他困难对象提供的帮助、救济和施舍。广义的慈善则包括了对教育事业、科学研究、文化体育发展、环境保护等的支持和捐助（陈建芳，2013）。显然，社区基金会属于广义上的慈善。

社区基金会是基金会的一种类型，是社区公益慈善的组织形式。为此，关于基金会的相关认知是理解社区基金会的前提。基金会是慈善的一种组织形式，是随着生产力水平的提升和财富管理形式的发展而不断演化的慈善的高级组织管理模式，是用以管理私人慈善捐款的体制化渠道安排。美国基金会研究中心认为，基金会是用自有资金（通常来自单一的个人、家庭或公司），通过资助非营利机构来支持或援助教育、社会、慈善、宗教或其他活动以服务于公共福利的非政府、非营利且自设理事会管理工作规划的组织（Renz，Mandler & Treiber，1995）。

不同于其他分散的、个体化的慈善行为和其他组织模式，作为公益慈善高级组织形态的基金会具有组织性、社会性的特点。组织性是指基金会是非营利组织的一种法律形式，具有完备的管理制度、组织架构、分工安排、专业运作能力。相对于个体化的慈善行为，基金会具有更强的社会动员能力。基金会的社会性则包含了捐款来源的社会性、组织运作的社会性和受益对象的社会性等要素。基金会是以公益为目的的一个财产的集合，其财产来源于特定或不特定人员的捐赠，其受益对象是基于基金会章程规定的符合其条件的不特定个人或组织，此外，基金会的运作管理具有相对自主性，不受行政力量的干涉。

3.2.1　社区基金会的类型

对基金会的理解，不同国家有着不同的法律界定，目前基本有大陆法系和英美法系两类（见表 3－1）。

---

① 《中国基金会发展报告（2011）》编委会. 中国基金会发展报告（2011）［M］. 北京：社会科学文献出版社，2011。

表 3-1　基金会的不同法律界定

	派　系	适用范围	实　质	说　　明
基金会	大陆法系	德国、法国	财产捐赠	基于捐助或遗赠而设立的公益性的财团法人①，按章程独立运作，不受捐助人或遗嘱人的干涉
	英美法系	英国、澳大利亚、美国等	公益信托	基于社会信用而设立的以公益为目的的信托关系，受托人根据受托合约享有财产权

美国是公益慈善最为发达的国家。美国并没有针对基金会等非营利组织的法律规定，只是通过不同程度的税收优惠来区分各种非营利组织。特别是1969年美国《国内税收法》中的501（C）（3）条款及509条款②对基金会做了区分，主要分成了公共慈善组织和私人基金会两类（入山映，1996）。美国基金会中心（The Foundation Center）根据基金会的资金来源，将基金会分为四类，即独立基金会（Independent Foundation）或家族基金会（Family Foundation）、运作型基金会（Operating Foundation）、企业基金会（Corporate Foundation）和社区基金会（Community Foundation）（见表3-2）。

表 3-2　美国基金会的分类

基金会类别	资金来源	运作方式	说　明	案　例
独立基金会（家族基金会）	个人或家族	多为资助型	在美国占比较多	卡耐基基金会
运作型基金会	单一的家族或个人	自主运作	与非营利机构有点相似	赛奇基金会

① 财团法人是财产之集合体，成立基础在于财产，如基金会、私人学校、医院、图书馆、博物馆、科学研究机构、教堂、寺庙和孤儿院等慈善机构。与之不同，社团法人是人的组织体，成立基础在于人，如各种公司、合作社、协会和学会等。

② 1969年美国税法中提到，公共慈善机构有以下几种：传统慈善机构（如教会、学校和非营利医院等，以及一部分资金来源于政府或普通大众的基金会，即社区基金会）；收入的一部分来源于原来的事业收入，或来源于不特定数量的捐赠的社会团体（如交响乐团、芭蕾舞团、歌剧院等艺术团体）；以支援上述两者中的任一方为目的组成的团体。除此之外，剩余的部分被称为私人基金会（资金来源于一个家族、一家商业机构、数名核心捐赠者或捐赠基金投资所得）。

续　表

基金会类别	资金来源	运作方式	说　明	案　例
企业基金会	企业捐赠	资助或自主运作	不排除与公司业务有关，独立于原公司	福特汽车公司基金会
社区基金会	捐赠、社区募款、政府提供	资助、自主运作、资助与自主运作混合	活动仅限当地社区	加利福尼亚社区基金会

在上述四类基金会中，独立基金会是美国目前最为主要的基金会类型，也是社会影响力最大的类型。独立基金会在美国基金会中的地位可以用“987”来形容，即数量上占各类基金会总和的 9 成，资产总额占各类基金会总额的 8 成，资助额占基金会总资产额的 7 成。独立基金会主要是管理个人或者家族慈善事业的资产，一般是个人或者家族创办，并且通常以主要捐赠人的名字来命名，具有代表性的如卡耐基基金会、福特基金会、梅琳达·盖茨基金会、洛克菲勒基金会等。另外，家族基金会也是独立基金会的一种形态。独立基金会运作管理的专业化程度非常高，其项目成员一般都由受过良好教育，且有丰富的公益慈善行业工作经验的人员担任。

运作型基金会是第三大私人基金会，约占美国基金会总数的 6%，资助额约占基金会总资助额的 11%。与其他基金会不同，运作型基金会的主要定位不是资助，即不是为其他社会组织提供捐赠，而是直接参与公益项目的策划、组织和实施等。与私人基金会和家族基金会相比，运作型基金会的最大区别在于其参与项目的运作。按照美国相关法律的规定，运作型基金会至少需要将其收入的 85% 用于基金会的项目运作。比较著名的有 J. 保罗·盖特信托基金（J Paul Getty Trust）、莉莉·凯尔斯基金会（Lilly Cares Foundation）等。

企业基金会是由大型的企业、财阀设立的基金会，这类基金会约占美国基金会总数的 3%，资助额约占基金会总资助额的 11%。企业基金会的资产主要来源于企业捐赠，其用以资助各种非营利机构开展公益慈善项目。在这里，捐款可以是一次性捐款，也可以是逐年捐款。因为美国税法规定，慈善捐款可以抵扣所得税，同时，这种捐款又有助于提高企业的社会评价。所以，很多企业都乐于设立这类基金会。与企业直接赞助和捐赠不同，企业基金会是相对独立于企业的一个法律实体，是相对独立运营的，这样可以较好地免受企业经营状况的影响。具有代表性的企业基金会如微软基金会、可口可乐基金会等。在公司基金会中，比较著名的有福特汽车基金会（Ford Motor Company Fund）、通用汽车基金会（General Motors Foundation），新设立的有奥多比基金会（Adobe Foundation），等等。

社区基金会是基金会的新形态，也是近年来发展较快的一种基金会，数量上约占美国基金会总数的1%，资助额约占基金会总资助额的9%。与上述三种私立基金会不同，社区基金会一般拥有非指定性资金、捐赠人指导性基金和捐赠人指定性基金等。根据美国税法的规定，社区基金会可以从不同的捐赠中获得资金，并用以资助特定地区或社区的公益事业，它也是社区公益发展的重要形式。从美国法律和税务的角度来看，这些机构被定义为“慈善”，而不是私人基金会。因此，它们可获得政府税法中501（C）（3）条款规定的豁免，如每年支出5%的规定。捐助者对美国社区基金会的捐款也可免税。美国具有代表性的社区基金会有加利福尼亚社区基金会、硅谷社区基金会和克里夫兰社区基金会等。

根据美国1969年税法制度规定，独立基金会、运作型基金会和企业基金会均属于私人基金会，社区基金会则为公共慈善组织。私人基金会一般由一个或少数几个捐赠渠道资助成立，并且每年必须将至少5%的资产用于捐赠和开展慈善活动。根据税法的要求，慈善组织除非能够证明自己是公共慈善组织，否则都将被定位为私人基金会。公共慈善组织则是由不特定的公众资助的慈善组织；如其可接受个人、家族、公司、公共服务部门、教堂等的捐助，也可以从私立基金会中筹集善款。

此外，在美国的公益慈善体系中，私人基金会和公共慈善组织在组织属性、功能定位、运作方式和地位维持方面都有很大的差异。

在组织属性上，公共慈善组织虽然采用了基金会的形式，但是并不属于法定的基金会，而私人基金会则未必采用基金会的形式（一般会采用公司的形式），但是属于法定的基金会。在功能定位和运作方式上，私人基金会主要指资助型基金会，其主要功能是资金的募集、管理和资助，除了运作型基金会外，大部分私人基金会都不直接运作项目。而公共慈善组织除了发挥资助功能外，还更多地直接参与项目运作；这是因为，根据美国税法的规定，公共慈善组织每年必须有固定的法定支出比例，只有直接运作项目才能较好地把资金使用出去。在地位维持方面，公共慈善组织相对更难。这是因为，私人基金会设立后，只要没有违反相关法律规定，就可以长期维持免税地位，而公共慈善组织的免税地位必须通过公众资助率测试，这就意味着公共慈善组织必须获得公众的充分认可才能维系其地位（褚蓥，2015）。社区基金会属于公共慈善组织（Public Charities），根据税法 501（C）（3）条款的规定，向这类基金会进行捐赠可以减免税收；但社区基金会必须证明，在任何为期 4 年的时间内，基金会至少三分之一的收入来自不特定的社会公众。私人基金会不是公共慈善组织，对其做出的捐赠虽然可以减免税率，但优惠力度不如对社区基金会进行的捐赠。

社区基金会作为美国公益慈善体系的重要组成部分，在促进社区发展、解决社区问题、培育社区力量、推动资源动员和社会整合方面发挥了重要的作用。这一公益慈善的新模式也作为一种创新模式在全世界范围内得到广泛推广。

需要指出的是，中国的基金会界定和管理制度与美国有很大的不同。目前我国对基金会的定义主要依据的是 2004 年出台的《基金会管理条例》（以下简称《条例》），其中第 2 条规定“基金会是指利用自然人、法人或者其他组织捐赠的财产，以从事公益事业为目的，按照本条例的规定成立的非营利性法人”。《条例》将基金会分为“公募基金会”（面向公众募捐的基金会）和“非公募基金会”（不得面向公众募捐的基金会）两类。特别增设的非公募基金会被允许以企业和个人的名义来命名。非公募基金会是一种有效地引导个人和组织的财产流向社会的方式，是社会财富再分配的重要手段，对于调动社会大众的捐赠积极性、促进社会资源进入公益事业有积极的推动作用。

另外，中国的公募基金会和非公募基金会并不直接对应美国的公共慈善组织和私人基金会，即公共慈善组织只有部分组织采用了基金会这一“形式”，而私人基金会虽然属于基金会“组织”，但未必采用基金会这一“形式”。亦即，美国的独立基金会和企业基金会更类似于中国的非公募基金会，美国的社区基金会则类似于中国的公募基金会。

3.2.2 社区基金会的含义及特征

1. 社区基金会的含义

社区基金会并没有一个统一的定义，不同的国家对社区基金会的理解也不太相同，因此，国内外对社区基金会的概念有很多不同的界定，本书尝试将国内外对社区基金会的定义做一个系统梳理。

美国基金会中心将社区基金会定义为“一个免税的慈善组织，主要为一定地理区域内的社区或地区提供支持，包括资金维持和基于多元资助者的管理”。根据这一定义，社区基金会包含了三个方面的要素和特征：第一，它是一个公共慈善机构，享受501（C）（3）免税条款；第二，它致力于提高特定地理区域内的居民的生活质量，它没有专门的议题，可以面向儿童、教育、环境等，但是一定强调特定的地理区域；第三，分配的资助项目需满足地方需求。

“全球捐赠者支持倡议”认为，社区基金会存在以下几个区别于其他非营利组织的特征，只有满足下列条件才是严格意义上的社区基金会：可提高社区居民的生活质量；是不受其他组织、政府及捐赠人制约与控制的独立机构；由社区居民代表组成的理事会负责治理；通过第三方非营利组织开展项目，解决社区面临的问题；向本地居民、企业、政府、非营利机构与其他基金会筹集资金，完成自身的使命，实现可持续发展；服务捐赠者协助它们实现公益目标；社区领导和项目合作方参与解决社区问题；运营过程保持透明，有义务定期向公众公开任务目标、活动情况以及财务状况。

社区基金会起源于美国，在20世纪80年代不断地“出口”到英国、日本等多个国家和地区。在其本土化的过程中，因各国（地区）的人口、经济、政治、地理环境的不同而呈现不同的特征；主要是人们对“社区基金会”的界定存在差异，如美国的社区基金会特指“城镇（城市或乡镇）的”，而英国的社区基金会则更多指“地区的”（韩君，2017）。以下是不同国家和地区对“社区基金会”的不同定义。

在北欧，社区基金会是指接受捐赠机构的资助，服务于特定区域的一个免税的、独立的、获得公众支持的慈善组织。

东欧的社区基金会是指致力于满足一定地区需求并提升这一地区人民生活质量的具有独立性的慈善组织（王建军、叶金莲，2006）。

在中国台湾，社区基金会是指“在一定地理范围的社区内，结合了当地社区居民、专业人士与社区银行，使基金会的基金管理与会务运作能够永续发展，进而能提供各种符合社区需求的资源、服务与协助”（原珂、许亚敏、刘凤，2016）。

中国大陆的社区基金会的发展历史相对较短，并且由于不同社区基金会的运作方式、宗旨目标、内部治理等都存在很大的差异，故而关于社区基金会的定义也比较模糊。在我国《民法总则》《慈善法》和《基金会管理条例》等法律法规中，也没有对社区基金会的明确定义。

在我国，首次提出社区基金会概念的是资中筠先生，她在《财富的责任与资本主义的演变：美国百年公益发展的启示》一书中专门列出一章来描述美国社区基金会的发展，她认为社区基金会是“由一个地区的居民为解决本地区的问题而成立的非营利公益组织”（资中筠，2015）。

后来，越来越多的学者在社区基金会实践的基础上试图给予其中国本土化的定义。例如，上海交通大学中国公益发展研究院院长徐家良教授将社区基金会定义为“致力于解决社区问题，由居民、街道政府和驻区单位共同参与，募集资产和提供项目资助，在法人治理结构机制下提供公共服务的非营利法人”（徐家良，2017）。

千禾社区基金会副理事长朱健刚教授认为，社区基金会是“动员本地资源，依靠本地利益相关方，寻找问题的本地解决方案的基金会”，同时他也强调，社区基金会不是仅限于美国那一种，中国社区基金会的发展还处于探索阶段，并不急于去下定义，而要“先做起来”再说。①

在国内，社区基金会更主要是一个政策界定。上海市民政局在推动社区基金会成立的相关文件中，将社区基金会界定为利用自然人、法人或者其他组织捐赠的财产，以从事街镇公益事业、参与社区治理、推动社区健康发展为目的，按照《基金会管理条例》规定成立的非营利性法人。深圳市民政局关于社区基金会的定义是，按照《基金会管理条例》的规定依法登记，利用自然人、法人和其他组织捐赠的财产，为本社区公益慈善事业提供资金资助或从事本社区慈善公益服务的非营利性法人，它属于非公募基金会。

还有一些学者根据社区基金会的实践形态从不同方面对其进行了概括。从本质上看，社区基金会是一个由当地捐助者成立的存放慈善基金的存储库。基金会帮助每个捐赠者确定其慈善利益，然后执行允许这些利益实现的关键功能（Doug Easterling，2008）。从类型上看，有学者认为社区基金会是资助型的公共慈善机构（Elizabeth，Graddy et al.，2006）。它通过基金会资助其他非营利组织运作项目。从设立目的上看，社区基金会是由一个地区的居民为解决本地区的问题而设立的（孙倩，2003）。从功能上看，社区基金会旨在“动员和经营当地资源，建立当地资源（尤其是资金）管理的中介和整合机制，为社区中有需要的组织、群体和个人提供资金和能力支持，促进社区可持续发展”（王建军、叶金莲，2006）。从运作上看，社区基金会的资产由社区内的居民捐赠，并由他们推举的理事会管理运作型基金会，该运作型基金会既向其他非营利组织提供资助，同时也直接开展慈善项目（孙倩，2003）。其中，捐赠者捐赠的钱投资在一个多样化的投资组合中，寻找符合捐赠者利益的非营利组织的项目，是一个参与管理收益过程并监督受托人实现目的的过程。因为捐赠者有不同的感兴趣的领域，传统社区基金会资助的非营利组织开展各种各样的项目和服务（Doug Easterling，2008）。从目标对象来看，推广的项目主要面向弱势群体和边缘群体，以促进和加强合作，努力减少贫困（Joyce Malombe，2000）。

---

① 资料来源：2017 年 6 月 3 日“社区变脸·社区基金会催生的无限可能”会议上，中山大学中国公益慈善研究院执行院长、广东省千禾社区公益基金会副理事长朱健刚讲话。

2. 社区基金会的特征

本地资源、本地利益相关者、本地解决方案是社区基金会最核心的特点。此外，社区基金会还包括如下特点。

（1）公益性。社区基金会是基金会的一种类型，属于公益慈善组织，因此公益性是社区基金会的天然属性。它可以传播公益文化、广泛募集社会资源、管理慈善资金，将捐赠的物资资助给特定区域的社会组织、自治团体、居民等，从而解决社区问题、服务社区居民、提高社区居民的生活质量。

（2）社区性。社区基金会必须是扎根社区、代表社区、服务社区的，社区性是社区基金会区别于其他基金会的最本质特征。社区性主要表现在社区基金会应该秉持致力于社区发展、提升居民生活质量的价值目标上；社区基金会主要致力于解决社区问题；社区基金会的资源和捐赠主要来源于社区；社区基金会的理事会应该充分吸纳社区领袖和居民，具有广泛的社区代表性。简言之，社区基金会应该与本地问题和本地需求密切相关。

（3）独立性。独立性是指社区基金会的内部治理结构是相对自主的。社区基金会包括政府发起、企业发起和社会发起等各种类型，但是其战略定位、项目运作不受政府、其他组织或捐赠人的控制和制约，而是有相对独立的规划和运作。社区基金会是独立的法人存在，在决策中应该注重民主性和社会性。当然，在一些情况下，捐赠者可以对捐赠物资的使用方向提出要求和建议。

（4）资金来源的多样性。与私人基金会单一的资金来源不同，社区基金会的资金来源于多样化的捐赠者。多样化的捐赠者可以是本地居民、企业、基金会等其他社会组织，也可以是来自政府的公共资金支持等。当然，在现实中，社区基金会的主要资金来源需要依靠本地区的大型企业，居民捐赠量整体相对较少，但重在参与，同时居民参与成为社区基金会存在的一个重要作用之一。

（5）专业性。社区基金会是社区公益慈善的信托机构，筹款和资助是社区基金会的主要工作，其主要职责是调查和发现本地区的需要，在资金供给方和需求方之间架起桥梁，并代为管理和使用资金（孙倩，2003）。因此，专业的资金管理能力是社区基金会的核心竞争力，社区基金会的从业者应该具备专业素质和管理经验。另外，社区基金会还需要为政府、其他基金会和社会组织提供公益项目的咨询和外包服务，这也要求他们具备很强的专业能力。

（6）目标使命的广泛性。理论上来说，社区基金会没有特定的目标范围，其所关注的问题多为普遍的社会问题，如弱势群体的保护、社区生态环境的提升甚至一般性的社区公共议题等。这是因为，社区基金会必须及时回应随时出现的、经常变化的社区需求，为不同类型的捐赠者提供多样的服务，因此，社区基金会的目标定位是不固定于某一特定人群或某一类特定项目的，以社区为本、以促进社区发展为核心成为其区别于与其他基金会的特性所在。

（7）兼顾性。社区基金会有着比私人基金会更为宏观的价值取向。当发生利益冲突时，私人基金会往往偏向捐赠者一方，而社区基金会能较好地平衡各种关系，既能尊重捐赠者的个体独立意识，与捐赠者进行深层沟通，帮助其满足意愿，同时又能站在社区长远发展的立场上维护社区的长期利益。

（8）灵活性。由于社区基金会植根于社区，具有官僚化程度低、贴近基层和较高的工作效率等特点，在组织体制、结构框架和活动方式上比政府机构具有更大的灵活性和弹性，因此可以更多地与服务对象交流，并接近那些权利易受损害的弱势群体，了解他们的愿望和意愿，迅速反映基层民众的现实需要，能够对多元化的保障服务需求做出及时的回应，满足不同群体的特殊需求。

综合来看，社区基金会是为所有生活在一个特定的地理社区内的人提供服务的组织；它为非营利组织和本社区活动提供资助，解决社区内的各种各样的问题；它提供服务，帮助个人、家庭、企业、其他基金会及公共机构捐赠者实现美好社区的设想；它鼓励各种捐助，以满足当地需求；它努力为社区的发展寻求稳定的资源；它以启动者、召集人和主持人等角色参与广泛的社区领导和构建伙伴关系的活动（Eleanor W Sacks，2005）。

3. 社区基金会的多元形态

美国的社区基金会是资助型的公共慈善组织。中国的社区基金会在本土化的过程中形成了多元形态，因而也分为不同的类型（见表 3－3）。

表 3－3　中国社区基金会的分类

分类依据	类　　型	特　　　点
战略定位和运作方式	资助型社区基金会	① 直接资助（基金会可以根据自身的使命和战略定位，采取直接资助的方式开展项目，这种方式最重要的是选择资助对象和确定资助方式） ② 项目招标制（是主要的寻找合适受助方的方式）
	运作型社区基金会	亲自实施项目来实现机构使命
	混合型社区基金会	既有资助，又兼有运作项目
发起方	政府主导型社区基金会	主要由政府出资发起成立，目前在我国占大多数（如洋泾社区基金会、光明新区社区基金会）
	企业主导型社区基金会	由企业出资发起成立（如桃源居公益事业发展基金会）
	居民主导型社区基金会	居民自发出资成立（如深圳蛇口社区基金会）
捐赠筹款的模式	公募社区基金会	可以面向公众募捐（如洋泾社区基金会）
	非公募社区基金会	不得面向公众募捐（如凌云社区基金会）

首先是按照战略定位和运作方式，社区基金会分为资助型社区基金会、运作型社区基金会和混合型社区基金会三种。

第一类，资助型社区基金会。定位为资助型，表示社区基金会的主要业务是通过提供资金支持，帮助其他社会组织开展活动，基金会只负责对资金使用进行监督，不直接开展具体的公益活动。这种资助型社区基金会的关键在于对项目的开发必须建立在对项目所处行业有深刻认识的基础上，要有全局性的战略认识，同时能够非常清晰地分析资助项目能否促进该行业的发展。资助型社区基金会需要有很强的项目直觉，要对申请机构的执行团队和项目设计有很强的判断力和分析能力。

第二类，运作型社区基金会。定位为运作型，表示社区基金会亲自实施项目，以实现机构使命。运作型基金会更多需要对项目管理的程序性事务有着非常丰富的工作经验，从而整合资源、协调合作伙伴。基金会在项目的实施阶段注重流程化的管理程序，通过在过程中的管理确保最终项目效果的实现。

第三类，混合型社区基金会。定位为混合型，表示既有资助，又兼具项目运作实施的功能。这就要求该类基金会同时具备资助与运作两种能力。

一般而言，对于一些注册基金较少、活动范围不大、服务内容单一且项目较少的基金会来说，采用运作型的运作方式效果会相对较好。对于注册资金较多、活动范围大、服务内容多样的基金会来说，采取资助型的方式开展活动较为适当。采用哪种类型的运作方式通常由基金会的资金规模、活动范围和活动内容的性质来决定。而从理论上来说，社区基金会应以资助型为主，因为社区基金会的定位就是在社区内孵化社会组织、资助自治团队，所以资助型的运作方式应是社区基金会的主要定位。

其次，按照社区基金会的发起方，社区基金会可分为政府主导型社区基金会、企业主导型社区基金会和居民主导型社区基金会三类。

第一类，政府主导型社区基金会。此类社区基金会主要由政府出资发起，有些是政府全额出资，有些是政府联合其他相关部门一起出资发起，因此，这类社区基金会是一种“官办”的社区基金会。目前国内大部分社区基金会都是这一形态。例如，2013 年，上海洋泾街道基于自身社区发展需要主动出资 400 万元，成立洋泾社区基金会，这是我国第一家公募社区基金会。

第二类，企业主导型社区基金会。此类社区基金会是企业基于自身的发展需要或者承担企业社会责任的需要而出资成立的社区基金会。目前这类社区基金会主要以开发商投资成立为主，如桃源居集团分别在深圳、天津、重庆三地成立的桃源居公益事业发展基金会。

第三类，居民主导型社区基金会。这种社区基金会是社会自发成立的，旨在解决社区问题、破解社区难题。最主要的代表是深圳蛇口社区基金会。

最后，按照捐赠筹款的模式可以分为公募社区基金会和非公募社区基金会。根据《基金会管理条例》的规定：全国性公募基金会的原始资金不低于 800 万元人民币，地方性公募基金会的原始资金不低于 400 万元人民币；非公募基金会的原始资金不低于 200 万元人民币。国内公募社区基金会有洋泾社区基金会、武侯社区基金会等。大部分社区基金会是非公募的，其主要特点有以下几点：一是在设立之初必须明确主要捐赠人，设立之后，其每年所接受的捐赠中，主要捐赠人的捐赠不能低于三分之二或者四分之三；二是不能向公众募集资金；三是不得向社会募集资金，但并不限制非公募基金会进行私人性质的募集；四是可以接受来自社会不特定群体的捐赠。

3.3　作为价值观和方法论的社区基金会

目前全国各地兴起了一股社区基金会成立热，各地政府积极倡导并推动成立社区基金会，一些企业和社会人士也积极响应，这对社区基金会行业的发展显然具有积极的推动作用。然而，另一方面，很多社区基金会成立后却陷入了运作难的困境，甚至一些社区基金会背离了该组织的宗旨和使命，这不仅无助于社区的发展，在一定程度上也伤害了社区基金会行业的发展。因此，正确对待社区基金会的价值非常重要。

本书认为，在推动成立社区基金会时，我们必须充分理解和区分作为本体论的社区基金会和作为方法论的社区基金会。本体论的社区基金会是指社区基金会的组织形态，即依法注册成立名为“社区基金会”的机构，并且根据机构数量的多少来评判社区基金会的发展。这是一种形式论的理解，而不是实质论的理解。如果简单根据名称来看，那么带“社区”字样的社区基金会全国就 100 多家，而且相当多的社区基金会还没有很好地运作起来。这种形式意义的理解所导致的结果是，很多地方实际上并不具备成立社区基金会的条件，一些地方政府也没有理解社区基金会的意义和价值，只是盲目跟风成立。然而在运作中又没有遵循社区基金会的功能和规律，只是按照其他基金会或社会组织的方式来运作，无法真正发挥其作用，这种方式最终反而会阻碍这一行业的发展。

本书认为，我们应该更加注重作为方法论的社区基金会。方法论的社区基金会作为一个社会治理创新的方法和视角，是一种思维方式，即如何动员本地资源来破解本地问题。在这个意义上，社区基金会是整合社区公益资源、推动社会创新、改善社区公益生态发展的一种创新模式。

社区基金会不是一个可有可无的组织，而是构建社区治理生态体系不可缺少的一环。

首先，社区基金会代表的是一种慈善思潮和价值理念。相较于其他社会组织，社区基金会具有更强的公共性、更强的属地性以及更深的参与度。与传统的自上而下的政府或者精英主导的公益慈善模式不同，社区基金会更加注重社区的内生动力，强调社区赋能，认为社区居民具有改变自己居住社区的意愿和能力，每个社区居民都应该是社区发展和变革的主体和推动者，社区基金会只是把这种潜能给激发出来。因此，区别于通过顶层设计、自上而下来改变社区的价值理念，社区基金会更相信自下而上的参与力量。

其次，社区基金会代表了一种社区治理的工作方法。如社区基金会在开展社区治理的过程中，非常强调从社区的问题和需求出发，通过广泛的交流来获取社区的真实信息。借鉴社区营造理论、资产为本的社区发展模式、社区生态体系等理论和工作方法，动员和组织社区居民共同探讨社区问题的解决方案，并通过议题倡导的方式来促进社区变革。

再次，社区基金会代表了一种慈善捐赠的方法。社区慈善并不仅限于资方机构，捐赠资金只是慈善的一种形式，实际上还包括开展志愿活动和贡献专业技能。社区基金会不是一个账号，而是一个平台，这个平台的功能是培育社区的公益慈善理念、拓展社区公益慈善能力，从而形成人人公益的氛围。这就要求创新和使用各种社区公益募捐和资助的方法，社区基金会必须能够运用这些方法。反之，如果仍然使用传统的公益方法，那么它就不能被称为真正意义上的社区基金会。

最后，社区基金会代表了一种新的关系构建模式。社区基金会在整个社会治理体系中处于枢纽型地位，建构关系、培育社会资本是社区基金会的天然使命。社区基金会旨在通过建构网络和关系来将资源、需求和问题联系在一起，重建社区中人与人的关系，形成网络合作治理。因此，社区基金会的规模虽然很小，但其在社区治理中发挥着支点的作用，这种支点的作用比简单的资金规模、服务人群等量化指标更有价值。它意味着社区在有需要的时候会去主动寻找这个支点，从而使问题解决变得更容易。

第4章 国外社区基金会的发展状况

露西·伯恩霍尔兹、凯特琳·富尔顿和加布里埃尔·卡斯珀在《新希望的边缘：美国社区基金会的未来》中指出，社区慈善事业是一种古老的人类文明，并在不同的时代有不同的形式（Bernholz, Fulton & Kasper, 2005）。社区基金会是社区慈善事业发展的重要创新形式，是社区慈善事业发展的高级阶段。自1914年美国成立第一家社区基金会以来，社区基金会已经有了100多年的发展历史，并从美国扩散到全世界，这一公众慈善的理念和模式得到传播，有力地促进了公益慈善和社区的发展，对推动社区基金会的发展更具有重要意义。

4.1 从精英慈善到大众慈善：社区公益慈善的新形式

社区基金会应该在社区公益慈善的发展脉络下进行理解。美国社区公益慈善的概念来源于美国的民主制度。19世纪上半叶，法国政治学家托克维尔出访美国后在《论美国的民主》一书中写道，“评判一个民主社会是否良性运转和发展的重要标准是私部门中公民履行职能的程度”。至此，社区公益慈善作为一种私部门的活动进入公众视野。社区公益慈善以社群主义（Communitarianism）和社区为本（Community-oriented）为特征，是某一地区居民共同解决当地社区发展问题的方法，同样，社区公益慈善活动的活跃度也成了当地社区民主化运作的标志。

随后，19世纪末20世纪初，美国迎来了进步时代（The Progressive Era），这一时期的经济与社会福利思潮经历巨大变迁，美国开始进一步建立直接民主的参政方式，并开始探索各种新的发展路径，以解决工业化和城市化带来的种种挑战。在慈善公益领域，进步时代最为重要的转变是慈善筹款方式的变化（Zunz，Olivier，2011）。长期以来，美国传统的公益慈善模式是资本和精英主导的，慈善捐款总是依赖于社会中极少数的富人阶级和大资本家。正如 1889 年著名慈善家卡耐基发表的《财富的福音》所指出的一样，公益慈善是“富人不可推卸的责任”，而卡耐基在《财富的福音》一书中所倡导的也正是这种传统意义上的慈善，即富人必须意识到如果死时仍然拥有巨额的财富是无比耻辱的（Carnegie A，Kirkland E C，1889）。

进步时代的一系列社会运动则改变了这种传统的慈善理念，当时的美国社会开始鼓励大众直接参与到公益慈善中。1901 年，美国第 26 任总统西奥多·罗斯福（Theodore Roosevelt）上任，在他任期内，他极大地支持进步主义运动。至此，美国在国家层面上使得众筹慈善（Mass Philanthropy）成为一种新兴的潮流。西奥多·罗斯福（Theodore Roosevelt）总统曾倡议每一位美国公民都应该参与到社会公益事业中，他认为这是“集体的责任”（Collective Responsibility）（Theodore Roosevelt，2004）。

4.1.1　众筹慈善的诞生

美国历史上第一场众筹慈善（Mass Philanthropy）是应对 20 世纪初的那场席卷美国全国的肺结核（Tuberculosis）疫情而开展的。当时人们意识到，控制肺结核的传播不仅需要先进的医疗手段，更需要与之匹配的社会福利制度。肺结核疫情的难以控制与当时医疗设施分布的极度不均有很大关系，预防和控制肺结核已经不是医疗难题，而是一个公共卫生资源分配的难题。然而，当时美国的富人阶级并不愿意将捐款用于公共卫生事业，尽管进步主义运动者极力倡导建立全国性的肺结核医疗学会，但是富人中的响应者仍然寥寥无几。可能是出于某种保守的考虑，在 1908 年美国肺结核研究与预防协会（National Association for the Study and Prevention of Tuberculosis）建立之时，从未有过大的慈善家将捐款用于某种疾病的预防与治疗上。于是，在肺结核预防运动中，人们开始尝试从大多数平民手中进行筹款。然而，历史性的转变总是具有些许戏剧性。1904 年，一个来自丹麦的移民雅克布·瑞斯（Jacob Riis）收到了一封来自哥本哈根的圣诞贺卡，贺卡上除了传统的邮票之外还附印了一种特殊的印章图样（Scott M Cutlip，1965）。这个印章是丹麦邮局为当地儿童筹建肺结核医院所销售的特发印章，丹麦政府也十分支持这种做法。三年后，雅克布·瑞斯得知哥本哈根的肺结核医院已经完工了，于是作为一名记者和社会工作者，他开始呼吁美国也采取同样的众筹方法，并称这种新兴的筹款方式为“一美分捐赠”（Penny Subscription）。雅克布·瑞斯在他所工作的杂志《愿景》（*Outlook*）上发表文章，指出“没有亿万富翁愿意加入肺结核预防的战斗中，那么我们也就不需要‘亿万富翁’了”（Jacob Riis，1907）。随后，这项众筹倡议得到了特拉华州红十字会（Delaware Red Cross）秘书长艾美莉·比塞尔（Emily Bissell）的支持，她说服了特拉华州红十字会在圣诞节的时候也出售这种特发印章图样，以资助美国肺结核研究与预防协会。与红十字会的合作成了肺结核预防运动中的关键一环，因为红十字会是美国第一次世界大战前志愿组织和公益筹款活动的领导者（Zunz，Olivier，2011），这使得各地邮局都愿意销售资助肺结核预防运动的特发印章图样，也正是因为这一点，美国联邦政府决定在 1915 年成立邮政储蓄银行①，以专门管理邮政经营所得的资产。

这一众筹慈善活动标志着美国捐赠模式的转型。如果说 20 世纪前美国的公益慈善事业是富翁和精英主导的模式，那么到了 20 世纪，随着公众捐赠意愿的日益上升，大众慈善的影响力逐步扩大，公益慈善进入了大众时代。仅 1908 年一年，通过邮票募得的金额就达到了 13.5 万美元。美国公共关系教育的先驱斯科特·卡普里普（Scott Cutlip）称这场运动彻底改变了美国民众参与慈善的方式，人们逐渐接受了众筹公益的思维（Zunz，Olivier，2011）。截至 1916 年，邮票印章的销售总额已经达到 100 万美元；而到 19 世纪 60 年代中期，销售总额甚至达到了 2 600 万美元（Cutlip，1990）。因此，“邮票筹款”也常被视为美国“大众公益”的

---

① Scribner's Dictionary of American History，"Postal Savings Banks"（New York：Charles Scribner's Sons，1940），vol. 4，319.

起点。受到“邮票筹款”的启发，一系列贴近个人生活的、低门槛的捐赠活动在美国开始流行起来，而这也极大地提升了美国公众捐款的积极性。

资金筹集模式的改变无疑是有重大意义的，因为这同时改变了千千万万个个体、家庭应对公共风险的方式。在传统的慈善概念中，社会工作者会鼓励个体、家庭进行小金额的储蓄，但无论是肺结核的肆虐还是其他公共问题，都使人们意识到，作为普通民众的个体和家庭是很难应对公共风险的。而众筹慈善正是汇集了每个个体的力量，聚沙成塔，以公共储蓄（Public Thrift）代替微薄的个人储蓄（Personal Thrift）（Joshua Yates，James Davison Hunter，2011）。更重要的是，众筹慈善使得美国全国上下同心协力，形成了全国性的合作机制，为 20 世纪发生的社会公共危机提供了长期的解决方案（Zunz，Olivier，2011）。而这种全国性的合作，不仅仅体现在资金的汇集上，更体现在志愿者团队的快速发展上。1905 年，美国仅有不超过 5 000 位志愿者投入肺结核预防运动，而到了 1915 年，志愿者的人数已经达到 50 万人（Richard H Shryock，1957）。

随着众筹慈善的发展，社区的领袖们逐渐意识到，慈善不仅仅是汇集民众力量参与到社会福利体系中，更重要的是运用专业方法对所筹集的资金进行财务管理，并有效使用所筹集的资金（Zunz，Olivier，2011）。于是，美国的社区基金会（Community Foundation）和社区金库（Community Chest）出现了。可以说，正是慈善资金筹集方式的变革促进了专业社区公益慈善的诞生。

有必要指出，尽管在早期的社区公益慈善中社区基金会和社区金库仍然无法完全摆脱精英阶层的影响（其实，直到现在仍然是这样的），但在众筹慈善模式下，社区民众的民主意识的确增强了，社区正逐渐变为一个有良知和自主意志的整体（John Melpolder，1916）。20 世纪之前，美国仅有 4%的城市家庭对社会福利或社会工作机构有过捐赠，仅占总人口 0.5%的传统贵族阶级捐赠了 96%的善款。但是，经过一百多年的发展，全美参与慈善捐款事业的家庭比例甚至大于 70%，而平均每年每个家庭捐款额占家庭总收入的 2%左右（饶锦兴，2011）。可以说，众筹慈善颠覆了过去精英慈善的传统模式，这也使得社区基金会需要保持更高的民主性，以维系众筹慈善的“非精英”倾向。

4.1.2 社区基金会：一种新型的社区慈善模式

社区基金会的产生与这一时期美国的社会问题是密切相关的。20 世纪初，伴随着美国工业化、城市化的迅速推进，富人开始逐步向郊区迁移，郊区出现了新兴工业，新兴工业城市的贫民窟问题更是成为众多问题的焦点，单靠城市政府无力解决各种社会问题。以第一家社区基金会——克里夫兰社区基金会所在的克里夫兰这座城市为例，该市钢铁工业发达，城市化进程不断加速，大量的移民使得克里夫兰迅速成为美国人口众多的城市之一，随之也使得当地城市住房紧缺、各类公用设施不足、街区管理混乱，还出现了诸如新移民的语言交流、教育、就业困难等各类问题，造成了一系列的社会矛盾，因此，如何动员社会资源解决这些社会矛盾成了摆在政府和社会面前的难题，社区基金会作为一种有效的应对方式就应运而生了。

1913 年，克里夫兰商会（The Cleveland Chamber of Commerce）创建了慈善联合会（The Federation for Charity and Philanthropy），开始向社区的普通民众进行筹款。克里夫兰信托公司总裁弗雷德利克·戈夫曾做过老洛克菲勒的法律顾问，他时常为他的客户提供遗嘱撰写和财产分配的建议，而他发现，遗嘱受益人通常都缺乏创造性的慈善理念，他从大量的一手慈善捐赠案例中发现，捐赠分配的方法只有很低的分配效率。另一方面，很长时间以来，富人们在银行设立信托基金，他们委托银行将部分资金用于定向的公益项目，如治疗某种疾病、帮助特定群体等，当这一项目目标达成后，这些信托资金就失去了慈善目标。然而，社区对慈善捐赠的需求是巨大的，戈夫希望能够建立一个为解决当前和未来社区需求的、由个人资助的、能够永久运作的社区导向的基金会，于是他向他的客户提议：将遗嘱的一部分捐赠给社区范围内的公益组织，以满足当地社区的公益需求。他提出要将克里夫兰所有的慈善资源汇聚起来，建立一个巨大、独立并永久的信托管理机构，并将其中的资金用于“最好地改善当地居民的精神、道德和物质水平，不论其种族、肤色和信仰”[①]，这一想法颠覆了当时“慈善事业是富人的专属领域”的信念，使得社区公民无论贫富都能参与其中，凸显其民主精神（Leonard P Ayres，1929）。与此同时，戈夫建议社区基金会要把“投资”和“善款分配”分而治之，社区基金会旗下的银行专门负责管理基金，而由社区居民选举的具有公信力的基金会负责人则专门负责分配和使用基金。由此，戈夫创办了与以往的任何公益机构都不同的新模式——克里夫兰社区基金会，这也是全世界第一家社区基金会，他本人也被称为“社区基金会之父”。不同于地区金库和慈善联合会（The Federation for Charity and Philanthropy），社区基金会更倾向于向美国的中产阶级和相对富裕的家庭进行筹款，因此，社区基金会是信托资金的重要管理模式。

成立之初，戈夫先是开展了一系列有关学校教育、休闲娱乐、刑事司法等的调查以了解公众需求，在调查中，戈夫基于解决当下社会问题而投入对社区利益的考量，从而吸引了慈善联合会、教育系统以及律师协会等各方的积极响应，也让公众意识到这一问题的严重性，才能使他们有试图改变的动力。这一社会调查的举措在吸引捐赠方注意的同时也树立了自己的威信，促使大家都相信社区基金会这一新生事物对改善社区问题的价值所在。

克里夫兰社区基金会的资金一直都是由其所在的克里夫兰信托公司管理的，它由专门部门、独立账户、专人负责，采用申请拨款资助的形式进行运作。直到 20 世纪 40 年代，随着美国工业的衰落，经济衰退及贫困、污染、种族等各类问题使得克里夫兰社区基金会也面临严重危机。1962 年，拥有哈佛大学政治学博士学位的诺顿担任了克里夫兰社区基金会的执行主任，他一上任便进行了一系列改革，成立了“大克里夫兰联合基金会”（以下简称“克联”），建立管理制度，雇用专职工作人员；以民主方式决定克联的发展目标及资金使用规则，联系当地企业家、黑人社区领袖，针对种族隔离、教育缺失、就业机会不足和青少年犯罪等棘手问题提

---

① Rechard Magat. An Agile Servant：Community Leadership by Community Foundations. The Foundation Center，1989，chapter1. p. 26.

出积极解决方案。之后，克联向黑人选民登记运动实施资助。1967 年，卡尔·托克斯（Carl Stokes）当选克里夫兰第一任黑人市长，同年，克联资助了 6.8 万美元为这位黑人市长聘用了一名公关顾问，克联对他后期推进的项目也给予了积极的资助。与此同时，克联还积极促使企业和社区机构制订并实施当地的经济开发计划，且取得不小的成功。1967 年，克联正式更名为“克里夫兰社区基金会”，诺顿担任执行主任至 1973 年。1974 年，霍默·沃兹沃思（Homer Wadsworth）接任基金会主任一职，至此，克里夫兰社区基金会有了长足的发展。

除了对传统教育、健康、社会服务等项目的持续资助外，沃兹沃思增加了对公共文化艺术的资助，并聘用专业的艺术项目负责人，使得克里夫兰社区基金会进入“第二轮艺术浪潮”。1974—1978 年，克里夫兰社区基金会每年捐赠 82.5 万美元用于当地的艺术培养，如 1975 年捐赠了 12 万美元成立克里夫兰芭蕾舞团，但因避免造成资助依赖，克里夫兰社区基金会开始培养“种子基金”，邀请企业家做艺术团队的顾问，传授其经营之道，并采用“挑战捐赠”的机制来激励艺术团自我成长。经过几年的努力，由克里夫兰社区基金会牵头，并联合 50 多家大企业、联邦政府、州政府、11 家基金会、数百名居民个体共同捐助 3 700 万美元，建成了克里夫兰戏剧广场中心、几家大剧院等。直至 1988 年，克里夫兰当地的各类著名艺术团体都拥有了自己的演出基地，还吸引了国外著名艺术团前来表演，使得当地重现艺术辉煌。

在社区基金会的管理方面，戈夫一直强调社区基金会是一个民主式慈善的新机制，他强调，社区基金会是一种民主治理的新组织，基金会如何使用善款不是掌握在一个自我延续的董事会手中，而是掌握在一个公民定期选举产生的委员会手中；而且，社区基金会是与富人保持距离的，捐赠者可以在某段时间内决定所捐赠的资金用于何种支出，但委员会仍然拥有最大的分配权力。① 在社区基金会长期的发展和运作中，社区基金会的从

---

① Industrial Relations. Final Report and Testimony Submitted to Congress by the Commission on Industrial Relations Created by the Act of August 23, 1912. 64th Cong., 1st sess., 1916, S. Doc. 415, IX, 811.

业者也积累了丰富的资金筹集和管理的经验，他们不仅管理社区基金会的内部资金，而且还为其他企业、社会组织的慈善项目管理提供咨询服务。

克里夫兰社区基金会成为目前世界第四大社区基金会，它聚焦于艺术与文化、市政事务、经济发展、教育、环境、医疗和社会服务等七大领域，致力于建立社区捐助，以资助相应的需求，它还提供对关键性社区事务的领导，提高了克里夫兰地区所有市民的生活质量；在资金管理上，它主要是将银行闲置的信托资金和社区内的慈善捐赠汇集成永久性捐赠基金，并组建资助委员会决定资金流向；在具体操作上，全权委托银行管理，并由社区选举委员会对资金分配进行监督。

社区基金会成立后，其在社区资源动员、社区公益组织的培育和发展、社区问题的解决以及社区可持续发展方面发挥了积极的作用。虽然社区基金会的数量较少，但是其实力并不弱。例如，2007 年报告的社区基金会有 717 个，在四类基金会中排第四，但是其资产却在四类基金会中排第二，高达 56.7 亿美元。社区基金会的运作理念也得到了广泛认可，其作为解决社区问题、促进社区发展的一种有效手段和模式也逐渐被世界各国所接受。由此，社区基金会如雨后春笋般在美国及全世界其他国家和地区发展起来。可以说，克里夫兰社区基金会的成立标志着具有地域性的专业基金管理组织成了公益慈善的新力量，且其发挥着日益重要的作用。

首先，不同于美国肺结核研究与预防协会及红十字会这样的全国性组织，也不同于大型的私人基金会，社区金库和社区基金会更多地将慈善事业聚焦于某一具有地域性特征的社区中，注重建立在地化的公益网络，这使得从某一社区公众中筹集的善款能够更加直接地运用于这一社区的发展。但是，随着时间的推移，社区金库和社区基金会的功能也逐渐有了分化。社区金库和社区基金会都是起源于从社区中汇集社区资源和资金的众筹运动，也都发挥着整合作用，它们协调着志愿者和专业社会服务工作者的合作，它们结合了临时赈济和长期慈善的双重优势，最重要的是，它们将社会大众与美国的富人阶级拉入了统一的公益慈善阵线中，使得慈善不再只是富人的专利。可以看到，社区金库和社区基金会的发展正是同步于慈善筹款目标人群变化的宏大趋势之中的。然而，随着时间的推移，两者逐渐发展出不同的公益慈善路径：社区金库更倾向于联合全国范围内的公益组织，如今，社区金库已成为美国全国性众筹慈善的重要组成部分；而社区基金会则仍然保持着自身的本土性和当地性，坚持从当地中等规模的企业和资产实体中筹集基金，而基金也反哺于当地社区。

其次，众筹慈善使得大量资金涌入社会服务组织，社会服务组织需要适时地发展出一套相对完善的公益资金管理体系对善款进行合理处置，而社区金库和社区基金会正是这一时期应对资金管理需求所产生的专业的善款管理机构。有必要指出，社区金库和社区基金会是适应于“大都市社区”（Metropolitan Community）特性的，因为大都市通常包括一个城市及其郊区，其较大的地域规模和人口多样性将成为社区金库和社区基金会进行筹款活动的重要基础（Roderick D McKenzie，1933）。通过运用金融管理的相关知识，社区金库和社区基金会使得所筹集的善款进入可持续发展的状态，并发展出一整套资金监管系统，这也使得社区金库和社区基金会在社区公益慈善中的作用愈发重要。

最后，社区基金会有一个其他基金会所不能比拟的重要优势。“社区基金会的一项重要职能是调查和发现本地区存在的问题与需求，因为它们对所服务的地区非常熟悉，能够为捐赠人提供各种建议，以便其捐赠达到预期的慈善目的，并代为管理和使用资金，从而在基金供应和需求双方之间架起沟通的桥梁。”（王名、李勇、黄浩明，2012）

总结起来，我们可以看到，社区基金会所发起的公益慈善是不同于以往联合的筹款活动的，聚焦于某一社区的公益活动不仅仅是为了提高慈善事业的效率，更重要的是，其资金筹措和管理工作都体现出高度的本土性特征。发源于英国伦敦的慈善组织会社（The Charity Organization Society）也曾联合各地不同的慈善组织进行合作，以避免对贫困人群进行重复资助，但是慈善组织会社的主要目标是提高公共慈善事业的分配效率，通过实地调查（Investigation）、实名注册（Registration）和实时督导（Supervision）的专业工作方法，努力促成各类组织之间的合作与协同，以实现更大范围内的资源整合与分配，这意味着慈善组织会社是一个集合了各种社会服务组织的慈善共同体，其发挥的作用更像是一个公共慈善组织的行业联合会，这也就导致了慈善组织会社所强调的“Community”的概念并不是一个地域概念，而是一个共同致力于公益慈善行业共同体发展的概念。而社区基金会不同于慈善组织会社，它侧重的工作方法是通过对社区资金和资产的管理与监控实现资源的可持续发展和有效利用，因此，无论是社区基金会筹集的资金来源，还是运营和管理资产的工作人员，大多都来自当地社区，这在很大程度上区别于以慈善组织会社为代表的其他联合筹款活动，即本土性和当地性是社区基金会不可摒弃的特征。

4.2 社区基金会在美国的发展及其全球扩散

4.2.1 社区基金会在美国的发展

经过 100 多年的发展，美国已成为全球社区基金会最为发达的国家，处于绝对领先地位。总的来说，美国社区基金会的发展大致经历了三个阶段。

第一个阶段是 19 世纪末到 20 世纪早期的福利资本主义兴起时期，这一时期也是美国社区基金会的萌芽和起步阶段。总体来说，这一时期的慈善活动主要是以大型的私人独立基金会为主，如赛奇基金会、卡耐基基金会、洛克菲勒基金会等。克里夫兰社区基金会作为一种新的公益慈善理念开始被社会所接受，并且也进入与商业、地方政府、非营利组织的社区发展合作中，很多其他城市也成立了社区基金会，如 1915 年成立的加利福尼亚社区基金会以及后来的纽约社区信托基金会、旧金山基金会、印第安纳州中部社区基金会、西雅图基金会、硅谷基金会等（原珂等，2016）。截至 1930 年，有超过 20 个城市成立了社区基金会。

第二个阶段是美国经济大萧条后与人权运动时期，这一时期也是美国社区基金会的起伏阶段。这一阶段，社区基金会的发展波动变化大，特别是经济大萧条后，社会动荡，社区基金会受到严重打击，社会信任度严重降低。据不完全统计，1939 年，美国的社区基金会有 91 家，但 10 年后的

1949年，名义上的社区基金会却仅剩66家，同时，其中只有35家社区基金会的运作资金可勉强达到20万美元①；而第二次世界大战后，社区基金会开始恢复发展，因其社会趋于稳定、政府完善福利制度，也开始有了社区建设的理念，于是，这一时期的社区基金会开始发挥“社区领导”的作用；到了20世纪60年代，社区基金会在其发展鼎盛时期又进入了十五年的停滞期，主要是因为这一时期的美国进入了妇女解放、黑人抗议和要求平等等平权运动的高潮阶段，但大多数社区基金会的角色定位在当时并未及时做出转变，进而受到限制。

第三个阶段是1969年税法改革至今（发展阶段）。1969年，美国实行了一系列税法改革，包括提高捐赠人减税额度，放宽赞助对象（可以是个体、未注册团体，甚至可以是某些营利性项目）；设置年度最低捐助额；审查程序更为宽松、简洁等（资中筠，2015）。这些优惠政策推动了社区基金会的长足发展。20世纪90年代的一个特点是社区基金会的大量增加，呈遍地开花之势。1989—1995年，社区基金会就由282家增加到413家。经过一个多世纪，美国社区基金会虽在美国基金会总数中占比不算多，但与私人基金会相比，其受到大众的关注度更高。截至2010年，美国社区基金会的数量已经超过了700家，每年筹得的善款超过42亿美元。1985—2014年，美国社区基金会的数量快速增长，从250家发展至764家（Bernholz, Fulton, Kasper, 2005; Foundation Center, 2014）。以2012—2013年为例，筹款金额超过十亿美元的12家大型社区基金会的资产总额就达到了242.8亿美元；美国年捐赠超过一亿美元的社区基金会已经达到8家，而这8家社区基金会的捐赠总额达到了14.4亿美元，占美国社区基金会捐赠总额的32.7%左右，由此可见，美国社区基金会的地位在不断提升。社区基金会作为发挥富人慈善信托功能的社区公共筹款机构也得到了很多大富翁的青睐。例如，2012年12月，扎克伯格拿出1 800万股Facebook股票（折合时价约5亿美元）捐给硅谷社区基金会，用于医疗、教育建设。2013年12月，扎克伯格再次向硅谷社区基金会捐赠1 800万

① Rechard Magat, An Agile Servant: Community Leadership by Community Foundations, The Foundation Center, 1989, chapter1. p. 32.

股 Facebook 股票（折合时价约 10 亿美元），这成为当年美国最大的一笔捐款，且令这家基金会立即成为全美资产排名第一的社区基金会。[①] 最近的更多数据表明，美国的社区基金会在数量和资产上都有所增长。在资产规模上最大的 25 个社区基金会中，其资产范围从 65 亿美元（硅谷社区基金会）到 7 亿美元（中央印第安纳社区基金会）不等。捐赠前 25 名的主体中，其捐赠金额从 9.6 亿美元（硅谷社区基金会）到 5 900 万美元（奥兰治县加州社区基金会）不等（Foundation Center，2012）。就绝对数量而言，社区基金会并不占据美国基金会的主流，但是在解决本地社会问题方面，社区基金会起到了非常重要的作用。社区基金会还吸引了广泛的社区参与，在美国，每年都有数千万人通过社区基金会参与公益活动。

4.2.2　社区基金会在英国的发展

虽然美国早在 1914 年就成立了社区基金会，但是这一社区公益慈善的创新模式在全球的大力推广则是在 20 世纪 80 年代之后。社区基金会首先在英国得到了大力的推广和发展。20 世纪 80 年代爆发了全球经济危机，经济停滞不前，一场新公共管理运动在英国兴起，核心是要求第三部门代替地方政府参与公共事务，从而减缓当时以撒切尔为首的保守党政府的财政压力。1979 年，英国政府出资发起成立“北爱尔兰志愿信托公司”（Northern Ireland Trust），即“北爱尔兰社区基金会”。之后，英国慈善互助基金会（Charities Aid Foundation）的负责人迈克尔·布洛菲（Michael Brophy）前往美国调研它们的社区基金会，开始大力宣传、引进美国社区基金会这一新兴的慈善形式，由此，英国社区基金会逐渐兴起。到了 20 世纪 90 年代，布莱尔带领的新工党政府的一个核心工作重点即社区治理及权力下放[②]，英

① 大成企业研究院．财富的积累与责任：民营企业家财富安排的智慧［M］．北京：社会科学文献出版社，2017。

② 1998 年发布的《现代化地方政府：接近人民》（*Modern Local Government: In Touch With The People*）白皮书中，政府明确承诺要在法律上使地方当局成为地方社区的领导者，地方政府的作用之一就是领导社区，其职责是确保整个社区的幸福及可持续发展。权力下放则类似于格里·斯托克（Gerry Stoker）提出的新地方主义，即“在达成某种国家最低标准和政策优先权的共识框架内，将权力和资源从中央集中控制向一线管理者、地方民主实体和地方消费者及社区转移”。

国社区及第三部门迅速发展起来，英国社区基金会也在此背景下逐渐发展起来。特别是在英国慈善互助基金会、美国莫特（Charles Stewart Mott）基金会和英国政府的共同推动下，社区基金会在英国迎来了一个高速发展时期。截至 2017 年 6 月，英国社区基金会（经过一些合并之后）的数量已经达到 46 家（韩君，2017）。在英国，社区基金会的发展呈现不均衡的发展形态。根据社区基金会地图集（Community Foundation Atlas）的统计，截至 2018 年，英国现存基金会中有 64 家社区基金会，其中北爱尔兰有 2 家社区基金会、苏格兰地区有 3 家社区基金会、威尔士地区有 1 家社区基金会，剩余的社区基金会均设立于英格兰地区。

另外，不同于美国社区基金会的原始模式，英国大部分的社区基金会仍然依赖国家的财政资金支持（Daly S，2008）。这就导致了尽管它们在名称和对外宣称的主要业务上仍然保有“社区”这一标签，但实际上，英国大部分的社区基金会不是自下而上（ground-level upwards）的组织；因为它们一方面扮演着为英国政府减少国家支出（state spending）的角色，另一方面又是受到美国私人基金会的全球视野和理念驱动的精英型组织（Leat D，2006；Jung T，Harrow J，Phillips S，2013；Vogel A，2006）。

有必要指出，美国私人基金会的合法性一直饱受争议，有人认为美国私人基金会极大程度地违反了美国的自由民主精神，认为这一形式是享有特权的贵族财阀以行公共服务之名扩私有财产之实（Ogan M，Prewitt K，2007）。

因此，无论是美国还是英国，社区基金会一旦失去了社区“本土性”和“民主性”，其就不再受到民众的接纳了，换言之，社区基金会正是基于民众对大型私人基金会在公共服务上的合法性的质疑而产生的。

4.2.3 社区基金会在日本的发展

社区基金会在亚洲的发展则要更晚一些。20 世纪 80 年代末，社区基金会的理念传到了日本。这一时期日本经济开始复苏，大量财富聚积，企业受益后社会贡献力度增强，市民志愿活动也日益丰富起来，出现了“民间公益团体热”，虽然也有一些基金会主动资助，但仍屈指可数，所以政府的补助金（项目补助金和团体补助金）则日益成为市民活动经费的核心来源（卯月盛夫，2006）。1986 年，日本一位学者出口正之在《公益法人的活动与税制：日本和美国的社团/财团》一书中提到了“社区基金会”这一概念，并于 1987 年向日本近代公益慈善活动最为活跃的大阪市提出创设社区基金会的建议。1998 年，日本实施了《特定非营利活动促进法》）（简称“NPO 法”），出现了很多由市民主导设立的资助型社区基金会，如神户市民基金会（市民基金・KOBE，1999 年，神户）、青森众人基金会（青い森の私たちファンド，2000 年，青森）、地域维新基金会（地域维新ファンド，2004 年，山口）以及志民基金会（志民ファンド，2006 年，大阪）等。这些基金会的功能类似于大阪社区基金会，它们运用民间公益理念向捐赠方和受助方提供公益服务，但因其旧公益法人制度的严格限制，它们大多不能注册为财团法人，使得其发展出现了资金规模小、人员缺乏、实力弱等问题。但这些具有“市民主导性”的基金会在很大程度上推动了日本社区基金会的本土化进程。2008 年，“公益法人制度改革关联三法”（《公益认定法》《一般法人法》《整备法》）正式实施，“NPO 法”修订以及相关税制改革，都促使日本社区基金会的公益认定准入门槛降低，推动了日本社区基金会的进一步发展。例如，京都府市民于 2009 年 3 月主导创设“一般财团法人京都地域创造基金”，并于同年 8 月获得公益财团法人资格，其后期实施的众多契合本土需求的公益项目都成为日本社区基金会本土化发展的标志性存在。截至 2017 年 5 月，日本市民社区基金会的总数已达 19 家，此外还有 40 家以上的类似市民社区基金会的组织。

4.2.4　社区基金会在其他国家的发展

虽然美国是社区基金会的发源地，但不可否认的是，全世界各个国家和地区似乎都看到了社区基金会调动社会资源、激发社会活力的积极作用，于是都开始逐步支持社区基金会的发展。

本部分，我们将介绍俄罗斯、土耳其和肯尼亚这三个国家的社区基金会的实践，意图给中国社区基金会的服务实践者和服务研究者提供一些参考。这些实践的田野事实或许不一定能够直接用于中国本土的实践，但是却可以帮助本土社区基金会实践者开阔视野，为打破已有的实践桎梏提供启发。

1. 俄罗斯：对于保持可持续性增长的尝试

根据全球资助者支持计划（Worldwide Initiatives for Grantmaker Support，WINGS）2012年的《全球社区基金会发展报告》的数据，成立于1994年的俄罗斯慈善救助基金会（Charities Aid Foundation，CAF－Russia）是俄罗斯第一家“社区基金会”性质的组织。尽管它不认为自己是一家社区基金会，但是作为俄罗斯境内率先尝试为非政府组织和其他基金会提供顾问咨询服务（Advisory Services）、善款维持服务和捐赠工作支持服务的（Fund-holding and Grantmaking Facilities）组织，俄罗斯慈善救助基金会（CAF－Russia）无疑为俄罗斯的社区基金会发展贡献了极大的力量。截至2012年，俄罗斯已经成立了45家社区基金会，它们分别在不同的服务领域内发挥着重要作用。

在俄罗斯慈善救助基金会看来，发展社区基金会最为重要的工作就是保持组织自身的可持续发展能力。这样的观点具有重要的启发意义，因为无论俄罗斯慈善救助基金会的财力资源和人力资源多么雄厚，在孵化和培育各地社区基金会的过程中，一味地消耗大量的资源必然是不能实现长远发展的。

对于俄罗斯慈善救助基金会来说，这不是简单的“授之以鱼不如授之以渔”，因为所谓的“渔”（方法）无从而知。俄罗斯慈善救助基金会认为，只有协助慈善组织转变过去传统的非政府组织增长模式，利用现代商业市场上的营销手段，才能使得普通的小额捐赠者们对社区基金会的品牌产生信任。

在商业市场上，商家对品牌进行营销是为了让顾客对产品产生信任进而买单；而在非营利组织进行募捐的过程中，组织对于公益或慈善品牌进行营销，是为了让尚未成为捐赠者的大众对组织所要提供的社区服务产生信任进而捐赠。或许会有人认为这是在消耗大众的爱心，然而，根据俄罗斯社区基金会的实践结果来看，只要服务提供方的慈善组织能够在善款管理的过程中坚持公开透明的原则，且坚持不懈地提供高质量的服务，这不仅不会消耗大众的爱心，反而会帮助非营利组织建立长久稳定的资金池。

对于处在起步阶段的基金会来说，获得第一笔资金支持是最为困难的。在获得第一笔资金的模式上，俄罗斯慈善救助基金会提供了两种典型路径：一种是位于著名的重工业之城第一乌拉尔斯克（Pervouralsk）（以生产钢管材料著称）的第一乌拉尔斯克社区基金会（The Community Foundation in Pervouralsk）基金会；另一种是位于俄罗斯阿尔泰边疆的小城鲁布佐夫斯克（Rubtsovsk）的鲁布佐夫斯克社区基金会（The Community Foundation in Rubtsovsk）。前者建立善款池的方式是从大企业着手，而后者建立善款池的方式则是先与小企业合作。

第一乌拉尔斯克社区基金会的做法是先争取大企业的支持。它成立了一个非正式的"管理委员会"（Council of Directors），委员会由第一乌拉尔斯克这个城市中大企业的高层管理经理组成。所有加入管理委员会的企业，每年会根据企业的员工数量为第一乌拉尔斯克社区基金会提供资金支持，金额是每 1 名工人 200 卢布（约 7 美元）。有了大企业的稳定支持之后，第一乌拉尔斯克社区基金会就开始逐步吸纳中小型企业和个人进入基金会的捐赠池。①

鲁布佐夫斯克社区基金会的做法则是从与当地小企业的合作中获得支持。不同于大企业对规则和流程的严苛要求，小企业捐款的灵活性更强。因此，鲁布佐夫斯克社区基金会开始在募捐活动中融入许多娱乐性元素。它们举办慈善晚宴、慈善公益演出和慈善体育赛事，通过娱乐的方式获得了许多小企业的支持。除此之外，鲁布佐夫斯克社区基金会还抓住了与当地政府合作的契机，承办了许多当地政府的庆典活动，这种方式无疑让鲁布佐夫斯克社区基金会进一步有机地融入了当地的社区。

可以看到，上述两种筹款路径之所以能够取得成功，无外乎"适应"

---

① Vadim Samodorov. Community foundations in Russia - Adapting for sustainability [EB/OL] [2018-9-16]. https://www.alliancemagazine.org/feature/community-foundations-in-russia-adapting-for-sustainability/.

当地社区的文化和经济环境。第一乌拉尔斯克从苏联时期就是重工业基地，因此这个城市有数量庞大的工人群体，而重工业的经济属性又使得当地多有大企业。所以第一乌拉尔斯克社区基金会选择和大企业的高层管理人员合作，无疑是基于城市的实际状况而做出的决定。鲁布佐夫斯克则不同，它是西伯利亚地区的一个边境小城，无论是经济规模还是人口规模，都达不到大城市的标准，城市内也少有大型的垄断型企业。因此，鲁布佐夫斯克社区基金会选择“富有娱乐性质”的公益慈善活动，以“庆典活动”和“大型娱乐活动”来聚集个人，这既加强了城市个体之间的关联，也使得小企业从中看到了可以互惠的商机。

2. 土耳其：培养慈善捐赠的文化土壤的尝试

在土耳其，社区基金会是首先由土耳其第三部门基金会 TUSEV［TUSEV 是土耳其语“Turkiye Ucuncu Sektor Vakfi”（土耳其第三部门基金会）的缩写］这个组织倡导发展起来的。根据 WINGS 2012 年的《全球社区基金会发展报告》，2011 年，在美国的莫特基金会和土耳其慈善基金会的联合资助下，TUSEV 在土耳其发起了一场规模浩大的慈善倡导运动，这场运动旨在发展并扩大土耳其慈善事业的基础设施，培养土耳其本土的公益捐赠文化氛围。相比而言，土耳其本土的慈善捐赠土壤并不深厚，其中的原因有以下几点。

第一，土耳其民众更愿意进行直接捐赠，比如把捐款给被资助者，而非给某一社会组织。因为在土耳其国内，慈善社会组织通常被认为是缺乏长远规划的、不擅长做出结构性决定的、不能够满足长远社会需求的。这是由于土耳其的社会组织的社会信任度和社会认同不足。

第二，大企业和公司也不愿意给基金会捐款。相较于专门的慈善基金和制度化的捐赠项目，土耳其的企业更愿意提供善意性的支持服务如技术支持或直接资助给某一公益活动。这样的企业捐赠活动更像是一种临时的公益，而并没有形成制度，没有办法为其提供稳定的资金支持。这可能是因为土耳其本土缺乏专业的基金管理人才，也可能是因为企业不愿意花费人力和物力资源设立专门的基金会。

第三，土耳其已有的基金会组织中，仅有极少的组织开展公共筹资和慈善募捐活动。根据 WINGS 2012 年的《全球社区基金会发展报告》，土耳其的 4 500 多家各类基金会中，仅有 4 家运行着公共筹资和慈善募捐项目。这个数据可以说明，在公共筹资和慈善募捐这件事上，土耳其不仅缺乏组织载体，也缺乏专业人员。

第四，土耳其也缺乏支持慈善捐款的法律和公共财政政策。现有的土耳其税收政策并不能促进个人和企业参与到慈善公益事业中。

基于上述原因，TUSEV 主要采取了以下五种策略来推动社区基金会的发展。

（1）制作并设计富有吸引力的宣传物料，如服务手册、服务报告和组织宣传单页，帮助民众理解目前的慈善公益环境和状况。这种文化宣传是为了提升企业、组织和个人的捐款意识，也从侧面向潜在的捐款人展示社区基金会在善款管理上的策略规划，一改民众对“慈善社会组织缺乏长远规划”的认知。

（2）在捐赠群体的内部提倡“同辈学习”和经验分享。由捐赠者来叙述参与公益项目的经验，这无疑会增加公益项目的可信度。在捐款的时候，民众会产生“跟随”性的捐款行为。

（3）为企业和公司提供基金管理的技术支持和人才顾问，协助企业设计捐款制度和稳定长期的公益募捐项目。

（4）寻找当地社区中对慈善公益事业具有较强影响力的个人领袖，为领袖们搭建社会网络，在更大的范围内发挥慈善领袖的影响力。

（5）召集当地社区中的主要纳税人和企业，与主要的利益相关者进行协商，这有利于慈善发展的法律和公共财政的制度设计，有助于向政府倡导法律和公共财政制度的改变。

土耳其的经验对中国的启示是非常显著的，即传统的社会福利体制不足以为民众提供充足的社会福利和社会服务时，如何培养公众参与慈善捐款活动便成了社区基金会的首要任务。

3. 肯尼亚：长期培育小基金会的尝试

肯尼亚各地的社区基金会是在肯尼亚社区发展基金会（Kenya Community

Development Foundation, KCDF）的孵化和培育下产生的。作为东非地区第一家本土的以社区为本的基金会，KCDF 可以被称为肯尼亚各地社区基金会的社区基金会。1998—2008 年，KCDF 一共向肯尼亚国内的社区提供了体量约为 400 万美元的支持。① 基于肯尼亚的社会经济发展条件，400 万美元无疑是一笔巨额资金。截至 2011 年，肯尼亚还有 19%的人口（肯尼亚总人口是 4 090 万人）生活在绝对贫困线（每人每天 1.25 美元）以下。所以，这笔巨额资金无疑为肯尼亚慈善事业的发展提供了强大的基础。

肯尼亚社区发展基金会 25%的资金来自肯尼亚当地的企业巨头，如东非最大的移动通信公司狩猎者（Safaricom），还有 25%的资金来自 KCDF 各个成员基金或子基金筹集的捐款，剩下的 50%资金则来自其他国家的跨境资助，如美国的福特基金会等。

可以看到，各个成员基金和子基金所募集的捐款额占到了肯尼亚社区发展基金会资金总数的四分之一，已经与当地的巨头垄断性企业的捐款额持平。如此高比例的公众参与度正是缘于 KCDF 对小基金会的制度化培育。

截至 2011 年，KCDF 已经帮助 20 个不同的社区组织（Community-based Organizations）建立了社区基金，而这些基金也源源不断地为肯尼亚各个社区的发展提供着支持。首先，KCDF 会给各个社区组织一笔启动资金——约 50 万肯尼亚先令（肯尼亚货币，100 肯尼亚先令约等于 1 美元）。其次，KCDF 会与各个社区组织签订合作协议。协议会规定如下内容。

（1）基金存续期限不得少于 5 年。因为基金利息的获得是基于复利计算的，所以有的社区组织会要求保证更长的基金存续期。基金存续期间，各个社区可以通过自行决定补缴本金，以期获得更高的收益。②

（2）KCDF 会收取 12%～15%的基金管理费用，用作维持基金的日常运作。

---

①② Peters B, Mahomed H. The story behind the well: A case study of successful community development in Makutano, Kenya. The Global Fund for Community Foundations and the Coady International Institute, 2011.

（3）除去基金管理费用，所有的基金将被分成 3 个部分使用：45%的基金成为 KCDF 给予各个社区组织的资金支持；35%的基金会再次回到基金池里用作后续增值的本金；5%的基金用作备用储蓄。

（4）各个社区会召集各方代表成立社区基金会理事会，理事会负责规划基金取得的利息收益将用于哪些社区服务①。而理事会的成立和责权分工是在基金会成立之初就已确立的，这不仅使得各个社区基金会的理事会会受到 KCDF 的监督，也促使各个社区基金会在成立之初就对专业基金管理人员进行长期规划和安排②。

肯尼亚的这种自上而下的培育和发展模式可能对中国有些许借鉴价值：即如何通过制度，既鼓励当地社区发挥主观能动性、充分调动当地资源，又能使得全国性的枢纽型大基金会发挥应有的支持作用。

上面介绍的在美洲、欧洲、亚洲、非洲等地不同国家社区基金会的典型案例：既有经济高度发达的资本主义国家，也有较为落后的非洲国家；既有自下而上的成立方式，也有自上而下的驱动模式；既有中央集权制国家，也有联邦制国家。这表明，社区基金会对于不同文化、制度、经济发展水平的国家都具有广泛的适用性和兼容性，也表明社区基金会作为一种社区公益慈善的创新形式被世界各国所广泛接受。

总之，进入 21 世纪后，社区基金会在全球范围内形成了一种行业生态。社区基金会地图集最新的统计数据（数据摘录时间为 2019 年 5 月）显示，全球共有社区基金会 1 866 家，其中北美洲有 1 032 家、欧洲有 670 家、亚洲有 63 家、大洋洲有 56 家、非洲有 33 家、南美洲有 12 家。就规模上来看，平均员工数量和所服务的人数也参差不齐。这些社区基金会涵盖了教育、儿童、社会服务、健康和文化艺术等诸多服务领域。

从图 4－1 也可以看出，自 1914 年第一家社区基金会成立以来，全球社区基金会的整体数量增长并不多。到 2014 年，整整一个世纪才只有

①② Peters B, Mahomed H. The story behind the well: A case study of successful community development in Makutano, Kenya. The Global Fund for Community Foundations and the Coady International Institute, 2011.

1 862 家,即平均每年增加不到 20 家，这表明社区基金会的成立和发展实际上是非常复杂的，依赖于多种因素的支持，而且社区基金会的成立门槛也相对较高。

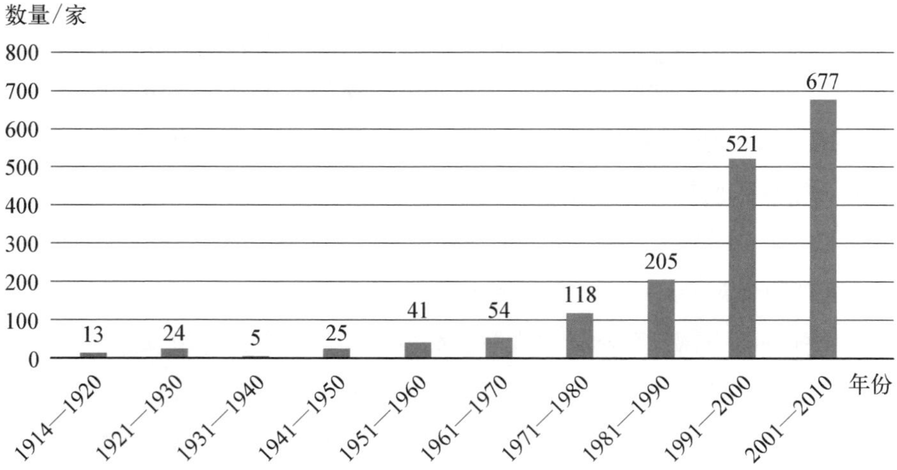

图 4－1　全球社区基金会的发展历程

具体来看，1914—1980 年，这一时期的社区基金会主要在美国本土获得发展，但增长的速度非常缓慢，特别是 20 世纪 30 年代经济危机后，社区基金会的增长更是跌入了低谷，整个 10 年仅仅增加了 5 家。全球社区基金会迎来第一次发展高峰是在 20 世纪 80 年代，1980—1990 年，总共增长了 205 家，这一时期，社区基金会不仅在美国本土得到发展，而且开始向欧洲、亚洲等多个国家和地区扩散。20 世纪 90 年代后，社区基金会得到了进一步的发展，每年增长 50 多家，特别是从 2000 年左右的 800 多家增长到 2014 年的 1 800 多家，世界上已知的社区基金会数量几乎翻了一番，全球社区基金会的数量正在稳步增长。

从空间分布来看，以美国为代表的西方发达国家占据了社区基金会发展版图的半壁江山。数据显示（见图 4－2），世界上 1 700 多家社区基金会中有超过 1 000 家位于北美洲。另外，欧洲的社区基金会增长速度非常快，2000—2010 年的 10 年里从 103 家增长到 631 家，增长了约 5 倍。

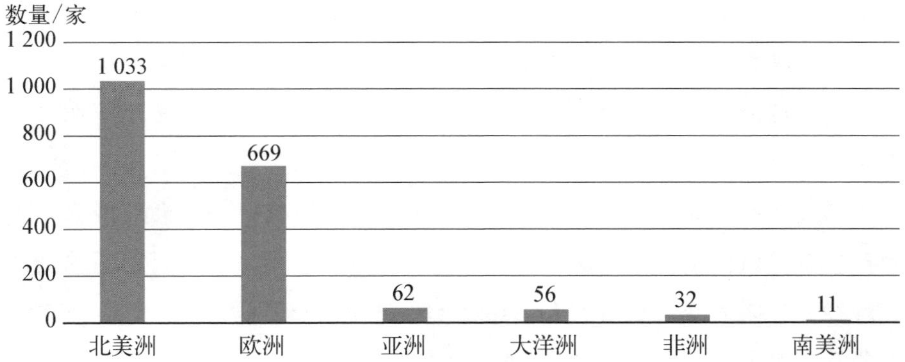

图 4－2　全球社区基金会数量分布

4.3　社区基金会的成长和发展路径

上文主要从宏观的制度环境介绍了社区基金会的发展变迁。但社区基金会作为一个组织，其自身也有一个从初创到成熟的过程，社区基金会在不同的成长阶段，其运作模式、功能定位和价值使命都会存在不同。徐宇珊等学者以美国的布鲁明顿和门罗县社区基金会为例（徐宇珊、朱照南，2017），分析了其成长和发展的四个阶段。这一分析具有一定的代表性，对我国社区基金会的发展也具有重要的借鉴意义。

第一阶段：捐赠人主导。捐赠人主导阶段是指社区基金会的最初成立和运作方向主要以捐赠人的意愿和兴趣为主，开展的基金会的项目也主要与捐赠人的意愿偏好和关注领域有关。因此可以说，在这一时期，社区基金会主要是公益信托基金的管理执行机构。徐永光在对美国社区基金会的调研中发现，1998 年，纽约的社区信托基金会有 1 500 多项专项基金，其金额既有高达几千万美元的，也有低至几千美元的，很多是来自遗产的捐赠。这些捐赠人自己没有能力和精力来管理这些信托基金，所以就捐赠给社区基金会。在这一阶段，社区基金会还没有自己专注的方向和议题，因此是捐赠人主导的阶段。例如，捐赠人希望保护动物，基金会就要设立动物保护项目；如果捐赠人希望资助儿童教育，那么基金会就要设立儿童教育基金。除了这些非常公共性的议题外，一些捐赠人的资助意向甚至非常小众。在具体的操作上，捐赠人主导模式下的社区基金会主要包括两类基金：一是捐赠人建议基金，也就是捐赠人指定服务领域，基金会按照这一领域的具体需求分配基金；二是特定基金，即专门为支持某个组织而设立的基金（徐宇珊、朱照南，2017）。

第二阶段：财务代理人。财务代理人阶段是指社区基金会发展为慈善资产的受托服务机构。在这一阶段，社区基金会开始具备丰富的慈善资产管理经验，因此开始从捐赠人主导逐步转向为其他公益组织甚至企业提供财务管理服务甚至设立永久捐赠基金，然后收取一定的管理费（一般是1.5%）。以布鲁明顿和门罗县社区基金会为例，它们帮助社区内约80家组织管理资产，这些非营利组织将筹得的资金存放在社区基金会中，即形成特定机构基金，社区基金会帮助它们进行投资和管理，获得的收益用于支持这些组织的日常运作，这一方法帮助很多社区组织解决了管理和行政资金的问题（徐宇珊、朱照南，2017）。另一个更有代表性的社区基金会是硅谷社区基金会（Silicon Valley Community Foundation，SVCF）。该社区基金会自2007年成立以来，经过10多年的发展已经成为全球资金体量最大的社区基金会，其2016年的总资产额达到82亿美元，捐赠额达到13亿美元。其资产既有直接捐赠获得的，也有一些家族基金会或公司基金会的受托管理资金。硅谷社区基金会的主要业务内容包括为其他基金会和组织提供专业的财务管理服务，以及协助其他公益项目在硅谷落地。财务代理人模式使得社区基金会通过收取管理费就可以获得可观的收益，并将其用于吸引和“供养”专业的管理团队上。

第三阶段：项目主导。项目主导阶段意味着社区基金会从公益信托机构向社区利益代言人转型。社区基金会最初主要承担信托功能，即根据捐赠人的意向去实施项目。随着社区基金会在社区中的影响不断扩大，捐赠人也越来越相信社区基金会是最了解社区需求的，因此也相信它能对捐赠资金的使用方向做出更好的决策。所以，社区基金会开始在捐赠基金使用方向上有更大的话语权，开始走向项目主导模式。一些社区基金会则是通过项目去募集社区资金，然后再开发自己的捐赠渠道，这也意味着社区基金会开始从被动向主动转变，在这一转变的过程中，社区基金会逐步掌握了话语权。这种项目主导的模式以非限定性基金和兴趣领域基金为主。特别是随着非限定性基金的增多，其为社区基金会提供了更大的自主权，使得它们可开展最有利于社区长远发展的项目。项目主导阶段也是社区基金会逐步走向成熟的一个阶段。

第四阶段：社区领导者。社区领导者是社区基金会发展的最高阶段，也是社区基金会影响力得以发挥的重要体现。作为一个为解决社会问题而提供创新性解决方案的组织，“倡导”是社区基金会的重要使命。在这一阶段，社区基金会已经得到了社区的广泛认可，它可以通过搭建平台来联合社区内的其他组织，还可以开展围绕社区居民的公共议题，特别是可以对社区未来的发展规划提出倡导，通过倡导影响政府的决策，从而真正促进社区的变革，形成社区共同体。作为领导者的社区基金会对于培育社区公民的公共意识也有重要的推动作用。仍然以徐宇珊等学者研究的布鲁明顿和门罗县社区基金会为例，该社区基金会的工作人员介绍，“当时政府并没有针对 5 岁学前儿童早教的资助，为了满足社区内这一非常重要的需求，基金会就要发挥社区领导者的角色，我们需要去寻找和整合资源，将来自各方面的支持进行恰当的配置，最终推动项目的开展和实施。这个项目本身就是一种创新，社区基金会就像催化剂，激活社区内已有的资源，共同来满足社区内的需求，推动社区的进步和改变”。

作为全球最大的社区基金会，硅谷社区基金会的一个重要工作就是通过政策倡导来促进系统性的社会变革，并通过资助相关项目的方式来实现。2007 年，硅谷社区基金会用于政策倡导、社会变革的项目资助额为 1 600 万美元，2017 年则达到了 8 800 万美元。例如，硅谷社区基金会发现当地儿童的学习阅读存在很多问题，很多孩子特别是贫困家庭的孩子到了四年级的时候阅读能力都没有达到应有的水平，这一障碍也会影响其未来的升学和职业发展，因此，硅谷社区基金会重点支持儿童早教的相关项目，特别是通过影响政策使加利福尼亚州州长将儿童早教作为全州的优先事项来推进。这是通过社区影响力来影响政府决策和行为的典型案例。

总之，上述的四个阶段是社区基金会从初创逐步走向成熟的发展过程，是从被动服务捐赠者走向主动服务的过程，是专业能力不断提升的过程，也是其在社区的影响力和公信力逐步提升的过程，它们代表了美国社区基金会的成长方向。当然，这四个发展阶段并不是一个简单的更替，不是由后面的发展阶段取代前面的发展阶段。实际上，即使到了社区领导者阶段，社区基金会仍然要服务于捐赠人，只是在不同的阶段和不同的环境背景下，社区基金会的主要目标和功能定位会有差异。当然，这些不同的目标导向有时也会发生冲突。作为立足于社区的慈善组织，社区基金会一般会比私人基金会有着更为宏观的价值取向。为此，社区基金会经常会面临平衡捐赠代理人与社区利益代理人两个角色的冲突的困境。作为捐赠代理人，社区基金会需要和捐赠者保持沟通，以实现捐赠者的意愿；作为社区利益代理人，社区基金会必须考虑社区发展中面临的问题。其实最理想的方式是实现两者的有机结合。然而一旦发生冲突，社区基金会通常会把社区利益放在更重要的位置上，这也是社区基金会区别于其他基金会的重要特点。

4.4 社区基金会发展的影响因素和驱动逻辑

作为社区公益慈善的一种新模式，社区基金会的发展不是偶然的，而是有着深层的社会结构、文化和制度因素。由于不同国家的制度文化不同，不同国家的社区基金会自然具有本国社区基金会的特点。本章主要介绍了美国社区基金会的发展经验，重点分析了影响美国社区基金会发展的因素。正如前文所指出的，美国的公益慈善事业非常发达，具有深厚的社会和文化基础。地方自治、公民结社、宗教精神、制度驱动是美国社区基金会发展的四个重要因素。

1. 社区基金会的公民社会基础

英美等资本主义国家有着根深蒂固的自治和民治传统，形成了“小政府、大社会”的格局，这意味着“小政府”在很大程度上很难满足处理所有公共事务的要求，这就意味着需要公民更多地参与到公共事务的管理中（陈一丹，2019）。正如托克维尔所指出的，地方自治是美国民主制度的基石，由于个人天然地关注自己的利益，因此地方自治是内在的。美国哲学家、教育家杜威也认为，“地方是终极的普遍存在，而且是现存的最接近于绝对的事物”。这种地方自治传统使得民众具有参与公共事务的热情，民众特别信奉通过社会的力量来解决社会问题，而对政府则保持着高度怀疑。托米卡·蒂尔曼（Tomicah Tillemann）认为，美国市民社会的特点首先表现为一种公民个人和社会上其他组织机构之间的伙伴关系，大家可以通过某种组织形式共分各种资源；其次，公民社会表现为一种推力（push），大家为了某种目标或事业而共同奋斗；最后，公民社会中的公民参与（participation）构成了民主制度的基础，因为它能够在公民之中创造信任度、在分散的个人之间建立起紧密关系，从而便于公民投身社区事务和国家的民主建设（徐彤武，2016）。

美国深厚的公民社会基础的一个重要表现就是存在各类民间社团、公共慈善组织、基金会等非营利组织，它们构成了美国公民社会的基本组织元素。社区基金会是上述非营利组织的重要组成部分，是社区利益的重要代表。因此，美国公民社会的发达程度是社区基金会蓬勃发展的重要原因；另一方面，社区基金会的发展又为美国公民社会的发展注入了资源和活力。

2. 社区基金会的文化因素

中国的公益慈善基于儒家道德，而西方的公益慈善则基于宗教精神。美国哲学家亨利·艾伦·莫（Henry Allen Moe）曾说：“宗教乃慈善之母，不论是从思想上，还是从产生过程上，莫不如此。”在这种行善精神的引导下，宗教组织成为开展公益事业的重要载体。在北美殖民地建立的早期，就有不少教堂开展了针对其所在社区的、带有宗教色彩的公益性活动（陈一丹，2019）。美国公益精神的另一个源头是参与公共事业的志愿服务精神，在美国，这种志愿服务精神甚至被视为一种“国家精神”，平均每四个美国人中就有一个每年都会为正式注册的慈善组织提供志愿服务；美国人平均每周都会提供至少一个小时的志愿服务。美国统计局的数据显示：2015 年，有大约 6 240 万名美国公民参加了各种形式的志愿者活动，志愿者在美国成年总人口中的比例达 24.9%（徐宇珊、朱照南，2017）。

3. 社区基金会发展的宏观制度因素

从宏观上看，社区基金会的发展有制度性保障，这些因素包括良好的税收政策（宋娟，2011）、法律保障、政府监管、社会监督、内部监控、服务体系等（姚俭建、Janet Collins，2003）。经过上百年的沉淀，美国已经建成了完整、高效的公益管理体系，其经验也被世界许多其他国家和地区学习与复制（陈一丹，2019）。制度政策主要体现在对社区公益慈善事业的优惠措施上，美国政府对公益机构的税收优惠有着悠久的历史。1894年的关税法案就有了对公益慈善组织的税收减免政策。19 世纪末 20 世纪初，随着私人基金会的兴起，美国的税收政策又进行了新的调整：如 1913年的税收法案第一次对非营利机构的税收减免做出了明确的规定；1917年的税收法案则首次明确了个人的慈善捐赠可以进行税费抵扣，确立了个人进行公益活动的税收优惠制度。在此后的几十年里，美国国会又多次修订了税收优惠法案，进一步扩大了个人捐赠税务抵扣的范围。1954 年版的税收法案标志着现代慈善税制的正式确立。20 世纪中后期的法案进一步减免了非营利机构的税务负担，强化了捐赠的税务激励，如 1978 年的税收法案将私人基金会等公益机构的投资收入税率从 4%减至 2%；而另一些法案则加强了对非营利机构的监管，如 1969 年的税务改革法案对公益机构的最低年度支出做出了具体规定。此外，1969 年的美国税法改革为社区基金会制定了比私人基金会力度更大的优惠政策。个人或者商业组织对社区基金会捐赠的数额的多少受到税收抵免政策的影响，税收抵免政策对鼓励向社区基金会进行捐赠有着重要影响，不断增加的捐赠数额不仅来自先前的捐赠者，也来自新的捐赠人（Donna M Anderson，Ruth Beier，1999）。[①] 根据上述税法的规定，美国的非营利机构若要享受税法条款规定的减免优惠，需要向税务部门申报 990 表格，也需要满足税务部门的相关要求，并严格按照规定进行相关信息披露。另外，美国公民向被认定为税收减免的非营利组织捐赠，也可以享受相应的税收抵扣。上述政策极大地激发了公民参与捐赠的热情，为社区基金会的发展提供了制度保障。

---

① Anderson D M, Beier R. The effect of a state tax credit on giving to community foundations [J]. American Economist, 1999, 43 (2): 66 - 72.

4. 社区基金会的微观社区因素

除了制度性保障，非制度性的关系也对社区基金会的发展起到了促进作用。由于致力于解决社区问题，社区基金会的“地方性”特性很强。不同的社区培育了不同类型的社区基金会，因而该社区基金会的绩效、类型和组织等因素均受限于地方性知识。伊丽莎白等学者在《社区基金会发展与社会资本》一文中探讨了社区基金会与社会资本之间的潜在关系。社区基金会的基金捐赠受社区资本水平（富裕程度）、社区慈善组织的经验和社区人口的组成等因素的影响。社区基金会得益于社会网络的建设、社区公民的参与以及有组织的团体活动。社区基金会开展工作的时间也影响着社区基金会的发展，有一定历史的社区基金会有更多的社会网络资源，可以获得更多的捐赠。此外，慈善捐赠的一个重要因素是信任，社区基金会位于社会诚信度越高的地区，其越能获得较高的慈善捐赠。社区基金会要想获得更多的捐赠，不仅要和捐赠者保持沟通，获得捐赠者的信任，还要增加社区的诚信度。社区的社会资本是社区基金会发展的重要资源。位于同一个地域的社区基金会之间会存在相互竞争的情况，这种竞争有利于促进人均获得的慈善资金的增加，但同时会降低每个社区基金会的影响力。社区的人口组成、人口的密集度也影响着社区基金会的发展。高贫困率会限制慈善能力，较高的私人住宅率也会影响慈善的能力，反而高密度的人口会对社区基金有正面影响（Elizabeth Graddy, Lili Wang, 2009）。对俄罗斯社区基金会发展的研究也显示了社会资本的重要性。有研究认为，社区基金会不能以自上而下的方式成立，而必须以自下而上的方式形成；社区基金会需要用本国资金设立，外部资金尤其是来自国际资助者的资金，会产生关于谁控制社区基金会的猜疑；理事会之间既要克服相互之间的不信任，也要防止小团体主义的出现；信任是社区基金会最重要的资产，为了建立信任，社区基金会的所有操作（包括内部治理、接受捐赠、资产的运作）必须是开放透明的。社区基础结构能够成功地适应当地的各种环境，即使在资源匮乏和当地条件不利的情况下，每个社区都有一定的资源——金钱和人。社区基金会的发展没有捷径，地方领导人的担当也是不可替代的。对于慈善事业，本地条件不是一成不变的；社区基金会本身就是为慈善事业建立新的环境。社区基金会并不需要多大的成功，只需要满足社区的需求就好。社区基金会透明的运作模式为非营利组织和机构提供了可资借鉴的运行模式（Eleanor W Sacks，2005）。[①]

5. 治理变革驱动社区基金会发展

除了上述结构、文化和制度因素外，一些学者（Sacks，2000）还指出了影响社区基金会发展的治理性因素：政府财政投入在社会安全保障和基础设施项目上的下降；联邦政府"权力下放"政策的出现，即联邦政府将资金与主要职责向下传递给地方政府和当地社区；为帮助弱势群体而提供的服务的分裂和分类，导致社区基金会面临失败的挫折；服务于特定问题而产生的组织多重性与在社区整体规划和轻重缓急方面所受到的限制；主要城市中心的经济和社会价值规范的衰退；个人捐助者缺少时间或不愿去调查个别的慈善机构，相较之下，社区基金会有专人认真审查慈善机构及其项目的效益（威廉·瓦尔德曼等，2016）。

---

① Eleanor W Sacks. Community foundations：Symposium on a global movement［R］. Worldwide Initiatives for Grantmaker Support，2006.

第 5 章　社区基金会的本土化发展

社区基金会是一个舶来品，但并不是简单的移植。事实上，中国的社区基金会一方面根植于中国的传统文化和社会结构；另一方面，中国本土化的社区基金会又与西方的社区基金会有很大的差异。社区基金会在中国的快速发展表明社区基金会的理念和价值具有广泛的适用性，对不同的制度和文化有很强的兼容性。因此，要研究社区基金会的本土化发展，应该将其置于中国特定的制度、文化和社会结构的背景下来理解，理解其内在的逻辑和特殊的价值。

5.1　社区基金会的本土文化、制度和社会基础

5.1.1　社区基金会的本土历史文化基础

作为一个深受传统儒家伦理影响的国家，社区公益慈善事业在中国有着非常悠久的传统和非常深厚的根基。据学者考证，早在春秋时期，中国就有突破血缘、家庭或氏族的结社活动（王世刚，1994：12~13）。历史上广泛存在的宗族组织曾经发挥了重要的社会功能。最接近社区基金会形态的慈善组织是隋朝时期开始出现的义仓。义仓是在隋开皇三年（583 年）各地为备荒而设置的粮仓，是一种由国家组织、以赈灾自助为目的的民间储备形式。这一组织形式在宋代得到了最大的发展。宋代以来，商品经济不断深化、社会分化也日益严重，由此造成了底层弱势群体在面对社会风险时的脆弱性。这一时期出现了“义庄”“族田”“公田”等民间慈善组

织形式，这种兼具血缘和地缘属性，同时又拥有稳定的财富和资源基础的宗族共同体组织在中国历史上占据重要地位，发挥了重要的社会治理功能。其中，最著名的是北宋皇祐元年（公元 1049 年）范仲淹在苏州首创的范氏义庄。这是范仲淹及其后人以自身力量体恤族人，以家族为纽带为解决一部分人的经济困难所设的民间慈善组织。范仲淹父子通过义庄给族人所规划的经济生活所涉广泛，包括领口粮、领衣料、领婚姻费、领丧葬费、领科举费、借住义庄房屋、借贷等（李战刚，2017）。义仓、族田、义庄等制度设计表明，中国的社区公益慈善事业具有很深的历史文化基础，在某种程度上与现代社区基金会有很强的内在价值关联。社区基金会有很强的地缘属性，而且也是建立在各种社会关系网络的基础上的，社区居民基于对自己所在社区的认同、归属而形成的“家园感”是社区基金会发展的本土文化资源，从这个意义上讲，社区基金会的发展是外来移植和本土实践共同作用的结果。

5.1.2 社区基金会的社会治理制度基础

十九届四中全会通过的《中共中央关于坚持和完善中国特色社会主义制度推进国家治理体系和治理能力现代化若干重大问题的决定》提出：坚持和完善共建共治共享的社会治理制度，保持社会稳定、维护国家安全，必须加强和创新社会治理，完善党委领导、政府负责、民主协商、社会协同、公众参与、法治保障、科技支撑的社会治理体系，建设人人有责、人人尽责、人人享有的社会治理共同体，确保人民安居乐业、社会安定有序，建设更高水平的平安中国。在这一治理体制中，中国共产党的领导是中国社会治理最为本质的特征，是理解社会治理运作逻辑的起点，是社会治理制度的最大优势。党的领导贯穿社会治理的全过程，主要发挥统合性作用。以人民为中心是中国社会治理体制的根本立场，人民群众是社会治理最主要的依靠对象、参与主体和评判主体。因此，中国社会治理体制实现了党的统合性和社会的多样性的有机结合。

中国社会治理体制中关于共建共治共享的治理理念与社区基金会的价值精神具有高度的契合性和相容性。共建强调社会是一个有机的系统，制度和体系建设是社会治理的基础；共治强调政府、企业、社会组织等各类多元主体共同参与社会建设，是一个开放和包容的体系；共享则是在社会权利的基础上共同享有社会成果的机制。此外，中国的社会治理把基层协商民主作为实现公民权利的根本方式，强调民主对于社会治理的直接参与。

中国城市治理的区域化党建在资源的整合和动员中发挥了重要的作用，社区基金会是中国城市社会治理体系中的一个环节，是在区域化党建的统合性下通过专业的理念和方法来整合资源，这样既发挥了原先治理体制的优势，又为其注入了一种新的理念和技术，进一步提升了党建引领社会治理的有效性，因此是契合中国社会治理体制发展需要的重要组成部分。

5.1.3　社区基金会的社会关系基础

费孝通先生曾用“差序格局”来形容中国乡土社会的结构特点，认为这种社会结构特点不同于西方基于个人主义的团体格局，而是基于自我主义的差序格局。他写道：“我们的格局不是一捆一捆扎清楚的柴，而是好象把一块石头丢在水面上所发生的一圈圈推出去的波纹。每个人都是他社会影响所推出的圈子的中心。被圈子的波纹所推及的就发生联系。每个人在某一时间某一地点所动用的圈子是不一定相同的。”（费孝通，2012）费孝通的差序格局表明传统乡土社会并不讲求权利义务原则，而是遵循亲疏远近原则。在这种社会关系的结构上就形成了基于血缘和地缘的宗族组织，如上文中的义仓、族田和公田就是契合此类社会关系结构的制度设计。

随着现代社会的转型，乡土社会的“差序格局”遭遇挑战，一种更为讲究权利义务、遵循普遍主义逻辑的关系格局逐步形成。特别是在城市社区，一方面，人与人之间的边界意识和权利意识更加清晰；另一方面，基于社区公共生活而形成的社会合作也更加重要，这就对既有的社会组织形式、公益慈善的实现方式提出了新的要求。社区基金会的重要目标就是培育人的公共意识，通过公益慈善和社区营造的纽带，将社区居民联结起来，因此它是契合当下中国城市居民的社会关系结构和社区公共性培育需求的。

总之，作为一种现代公益慈善的组织形态，社区基金会来源于美国，但是它秉持的“本地问题、本地利益相关者和本地解决方案”的价值理念决定了它具有广泛的社会适应性，可以在不同的文化和社会里发展。中国传统文化强调的民间互助和救贫帮困的儒家文化取向，现代社会治理体制强调的共建共治共享的目标取向，以及中国城市社会关系结构追求的公共性，都与社区基金会有着很强的相容性，因此，社区基金会的本土化存在一定的必然性。

5.2 基金会在中国的发展①

社区基金会是基金会的一种类型，是基金会的新形态，是社区公益慈善的制度化渠道。为了追溯社区基金会的本土化进程，有必要简单介绍一下基金会在中国的发展历程。

早在 20 世纪初，中国就慢慢出现了具有基金会性质的类似组织形式。例如，近代著名将领张学良以其父之名设立“汉卿讲学基金”，并设定基金宗旨，成立基金管理委员会，资助东北大学毕业生出国深造以及教师出国考察、进修等；还有香港怡和有限公司原董事长顾乾麟，其在年轻时继承父业，在上海经营怡和公司有方，产业发达，业务兴旺，他以“得诸社会，还诸社会”的理念，于 1939 年出资建立了以他父亲名字命名的“叔频公奖学金”，专门用于“本地贫寒学生的学费或继续深造之费用”，并制定相关的资格审查机制，截至 1949 年，“叔频公奖学金”共资助了 1 000 多名学生。除此以外，还有如“中华教育文化基金”“中英文教基金”等支持中国文化、教育发展的各项基金。在这一时期，多是一些有识之士或爱国志士通过借鉴国外的基金会经验来试图解决当时的中国所面临

① 商玉生：《文化与传承：中国基金会百年》，载《中国基金会发展解析》，社会科学文献出版社，2009 年。黎宇琳：《从官办慈善到人人公益的 30 年》，载《中国慈善家》，2016 年 12 期。

的发展困境。

1949 年，中华人民共和国的成立标志着我国基金会发展进入新的发展阶段，中国的基金会也经历了起起伏伏的发展历程。改革开放前，中国实行计划经济体制，具有不少学者所说的“总体性”社会的特点。改革开放为基金会的发展提供了空间，产生了国家基金会和民间公益基金会两种类型的公益基金会，并表现出不同的发展态势。

1981 年 7 月 28 日，由全国妇联、总工会、共青团等 17 个全国性社会团体和单位发起并建立了中国儿童少年基金会，这是我国第一个严格意义上的具有法人资质的公益组织。此后，1984—1985 年，政府主导的中国残疾人福利基金会、中国绿化基金会等相继成立。1988 年 9 月 27 日，国务院颁布《基金会管理办法》。1989 年，国务院颁布《社会团体登记管理条例》，其中提出了“三重管理体制”① 及“三步批准登记制度”，并发布对民间公益组织的清查通知，在清理整顿之后，一些在改革开放之后成立的大量民间公益基金会因不符合规定而被取缔，民间公益基金会的整个发展也处于停滞状态。在这期间，一些具有政府背景的基金会成立起来，如 1988 年 12 月成立的中国妇女发展基金会、1989 年 3 月成立的中国扶贫基金会（中扶贫）和中国青少年发展基金会（青基会）等，其中就包括具有社区基金会功能和性质的公募基金会。2004 年，国务院颁布《基金会管理条例》，其中提到对基金会进行“培育发展”和“监督管理”，同时将以前的“三重管理体制”变为“双重管理体制”，不同的注册资金区分公募与私募。② 但当时，中国的大多数公募基金会主要以具有官方或半官方背景的基金会为主，且基本上资金都很难达到 800 万元或 400 万元；而非公募基金会即私募基金会的资金原则上是由社会资本构成的，如企业基

---

① 基金会的“三重管理体制”是指在归口业务主管部门和民政登记部门之外，还有一个政府部门即中国人民银行的审批和管理权限。这个管理体制一直延续到 1999 年，中国人民银行才退出了对基金会的管理，最终在行政法规上落实为《基金会管理条例》。

② 《基金会管理条例》对基金会的设立、基金标准进行了分类。按基金的来源将基金会分为公募基金会和非公募（私募）基金会两大类。公募基金会可以向公众募集资金，非公募基金会的基金来源于特定个人或组织的捐赠。成立要求是，全国性公募基金会不少于 800 万元人民币，地方性公募基金会不少于 400 万元人民币，非公募基金会不少于 200 万元人民币。

金会或个体基金会等，其资金基本上远远超过 200 万元。因此，这一条例更多是对公募基金会的限制与对非公募基金会的鼓励和扶持，这反映了中国政府对民间公益基金会性质的认识及高度认可，因此，这一条例也被视为民间慈善的破冰性文件，标志着中国民间公益基金会正式登上历史舞台。这一时期，中国的基金会发展迅速，2006 年以后，每年基金会数量增幅均在 15%~20%。非公募基金会从无到有，发展非常迅速，在总量上已经超过了公募基金会。例如，2004 年 12 月，国内第一家非公募基金会爱佑慈善基金会注册成立；2005 年 6 月，广东企业家翟美卿创办“香江社会救助基金会”①。在条例颁布的两三年内，非公募基金会发展迅猛。据基金会发展统计资料显示，2005 年年末，全国实有基金会 975 家，其中非公募基金会 253 家，占基金会总数的 25.9%；2006 年年末，非公募基金会达 349 家，占全国实有基金会总数（1 144 家）的 30.5%。② 这期间，非公募基金会多以企业或企业家为主体。基金会特别是非公募基金会的发展对中国社会组织的发展具有非常重要的意义。

总体来说，这一时期基金会的发展主要遵循的是自上而下的行政驱动逻辑。这一时期，基金会的募捐主要通过体制的力量，依托党政机关的行政权力强力推动。在具体的运作方面，政府对基金会的介入也非常深，如原始资金支持、办公场地提供、基金会的内部管理和人事编制安排等。

2008 年汶川地震，民间公益的热情被点燃。数以万计的普通民众与企业纷纷捐赠，并作为志愿者参与到抗震救灾中，民间捐款达到 760 亿元。这一年被认定为中国公益元年，“捐款、做公益”不再是有钱人的“专利”，“人人可公益”成为社会热词，受到越来越多人特别是年轻一代的追捧。2008 年汶川地震之后，民间公益受到公众的极大关注，由此，这一年也被称为现代公益的起始。2010 年玉树地震、2011 年“郭美美事件”将长期以来潜藏在人民群众中的对“官办”慈善机构的不满和质疑

① 在很多资料里，香江社会救助基金会被称为中国首个全国性非公募基金会，这一说法也没错，因为爱佑慈善基金会在成立之初是地方性基金会，香江社会救助基金会则拿到了民政部“001”的批号，是首家“全国性”民间基金会。

② 数据来源于基金会发展统计资料，参见中国社会组织公共服务平台，http://www.chinanpo.gov.cn/web/listTitle.do?dictionid=2203，2008 年 1 月 23 日。

推至顶峰，红十字会等众多公募基金会遭遇重创。

对此，中央政府出台了一系列利好政策，以推动公益慈善事业的发展。2013 年 3 月发布的《国务院机构改革和职能转变方案》和 11 月发布的《中共中央关于全面深化改革若干重大问题的决定》等文件中都明确提出“重点培育、优先发展行业协会商会类、科技类、公益慈善类、城乡社区服务类社会组织”，并要求民政部门依法加强登记审查及监督和管理。

2014 年 8 月，在美国流行的“冰桶挑战”公益活动在中国内地受到热捧；2015 年，腾讯公益“99 公益日”正式上线，它以“1：1”配捐的方式直接“放大”网民对公益组织的捐款，3 天内，该活动动员了 205 万人次参与，募得善款共计 2.3 亿元，真正出现了一直以来被推崇的“公民参与”“人人公益”的现象。

在互联网技术的支持下，信息传递渠道增多，速度变快，信息以裂变的方式扩散，再加之全民公益的趋势，中国慈善机构的发展面临巨大的挑战，如公信力缺失、运作不专业和不规范、慈善机构多样性不足等。2016 年，《中华人民共和国慈善法》正式实施，与之配套的一系列法规政策相继出台，与此前的《基金会管理条例》等相关的基金会发展政策一起，初步构成了支持促进基金会发展的法律法规体系的雏形。这让一直以来寻找动力的公益慈善行业终于“有法可依”。近几年，公益慈善行业发展得热火朝天，一系列论坛、沙龙、培训、孵化、扶持等活动也活跃起来，还有很多高校纷纷成立相关研究机构，学术界与实务界共同助推中国公益慈善事业的专业化发展。

5.3　社区基金会在中国的发展历程

社区基金会的本土化发展首先源自现代社区基金会理念的引入。早在 20 世纪 80 年代，我国公益事业的重要倡导者和参与者朱传一先生就开始关注和介绍美国的社区基金会，并将这种模式介绍给了公益慈善领域的重要推动者徐永光先生。社区基金会是一种与全球联合之路具有较大差异的活跃在社区的公共筹款机构，主要是一种接受富人委托，帮助富人实现慈善心愿和打理慈善资产的机构。徐永光先生受这一社区信托模式的启发，在中国青少年发展基金会试验“捐款人纪念基金”，只要捐款1万元就可以设立永续型基金，这在某种程度上成为慈善信托的雏形，也是中国社区基金会本土化实践的重要探索。①

社区基金会作为一种正式的组织形态被引入和发展则是21世纪以来的事情。2008年，中国首家社区基金会在深圳成立，此后，全国多个城市，特别是上海、深圳、成都、苏州等相继成立社区基金会。2008年，深圳地产企业家李爱君在自己的企业建立的社区成立了桃源居公益事业发展基金会，这是我国第一家致力于社区发展的基金会。2009年，慈善家刘小钢发起建立了广东省千禾社区公益基金会，这是我国第一家以社区命名的基金会。从社区基金会理念的引入到社区基金会的组织化发展，大致有以下三个阶段。

5.3.1 类社区基金会发展阶段

在社区基金会这一概念尚未舶来之前，一些社区已经主动承担起自己的责任，建立了一些“问题取向”的草根组织，并在成长的过程中渐具社区基金会的雏形，有研究者称之为“类社区基金会”（王建军、叶金莲，2006）。如前所述，社区基金会作为基金会的一种，其发展过程镶嵌在基金会的本土化进程中。1993年，民政部等14部委联合发布《关于加快发展社区服务业的意见》（民福发〔1993〕11号），明确要求各地建立社区服务发展基金。2000年11月，民政部签发《民政部关于在全国推进城市社区建设的意见》。所以，20世纪90年代中后期出现了很多以慈善会和慈善基金会的形式参与社区公益服务和慈善救助的组织。例如，2001年，北京朝外街道雅宝里、芳草地、天福园等社区相继成立献爱心解困基金会；2003年，沈阳市大东梨树社区“小希望工程基金会”成立，启动资金2 000元；2004年，沈阳市蓝翎社区遂川街道未成年人思想道德建设基金会成立，原始资金4万元；2007年，沈阳市沈河文萃社区博爱互助基金

---

① 爱德基金会传—慈善文化基金．朱传一文集［M］．北京：社会科学文献出版社，2019。

会成立，原始资金 1 900 元。很明显，这些基金会的原始资金只有几千元到几万元不等，不符合设立基金会的法定条件，最多是社区为满足弱势群体的需要而成立的一些用于慈善救助的社区基金，但其实已具有社区基金会的性质和功能，故可将其称为类社区基金会。至今，全国已有各类慈善会 300 多家，2004 年以后，慈善会的发展更是迅猛。

这一时期，社会上总体还没有成立社区基金会的意识，主要是在传统的基金会中侧重社区发展的功能，或其他社区组织开始发挥一些基金会的功能。不过，这些探索将社区发展与社区慈善有机联系起来，让大家看到了这两者结合的潜力。在类社区基金会的发展过程中，一些学者注意到了我国现行的基金会立法存在诸多问题，并提出了完善基金会税收优惠政策和基金会监督体制的立法建议（李红影，2006），包括完善基金会立法、协调双重管理体制以及制定鼓励向社区基金会捐助的税收优惠政策等，旨在为社区基金会的发展营造一个有序而稳定的法治环境。他们呼吁，“我们社区基金会的财源汲取应当实施一种从政府到企业、从组织到个人、从国际到国内、从外援到自我筹措的多方位策略，从而加速和有效推进社区基金会的建立和有效运作”，“开拓多方位的资金来源，保障社区基金会的持续发展”，“促进公民社会的发展和成熟，缓解政府对社会组织的管制，鼓励第三部门的建立和成长，呼唤和培育公民的慈善热情”（王巍，2006）。

5.3.2　民间自发探索成立阶段

2008 年，“桃源居公益事业发展基金会”的成立是民间探索成立社区基金会的开端，此后，多地进行了自发探索实践。随后，2009 年 1 月，广东省千禾社区公益基金会成立，其定位为资助型社区基金会，这是我国第一家严格意义上以“社区基金会”命名的公益组织，它主要用于资助社区公益项目、公益人才培训项目、公益慈善理论研究项目等。这一时期，上海也开始探索成立社区基金会。2012 年，上海首家以“社区”命名的基金会“上海美丽心灵社区公益基金会”成立，其专门致力于儿童心理成长发展。这一时期，社区基金会的理念和方式开始被上海一些地方领导所关注，并开始积极推动成立街道的社区基金会。2013年，为解决街道社区治理困境，通过调研，浦东新区洋泾街道办事处主动提交报告申请成立“洋泾社区基金会”，由街道自主出资400万元注册成立公募型公益组织，并定位为运作型社区基金会。

这一时期社区基金会发展的特点是，社区基金会基于社区发展的现实需求而形成，主要遵循自下而上的驱动逻辑。企业家和公益慈善人士是这一时期社区基金会最为主要的发起者，发起资金也主要来自企业和社会，社区基金会的运作也相对独立，因此更类似于美国的社区基金会形态。这些民间的社区基金会探索为后来的制度化推动积累了宝贵的经验，体现了社区公益慈善的巨大发展潜力。很多具有开放心态和追求社会创新的政府官员意识到，社区基金会有很大的潜在价值，是社区难题的有效破解之道，它对调动社会资源、促进社会参与具有重要作用。为此，不少地方开始从政策上积极推动这一新生事物的发展，为后续制度化的推动成立奠定了基础。

5.3.3 制度化推动和发展阶段

2013年，党的十八届三中全会提出“推进国家治理体系和治理能力现代化”，这意味着中国的治理理念发生了很大转变，更加强调多元主体的参与。在这一导向下，全国各地开始了各种形态的社会治理创新实践，形成了丰富的经验做法。另外，长期以来形成的大量政府购买服务的服务机制给政府增添了更多财政压力，也限制了社会组织自主性的发挥，社区治理面临多重困境，也亟待驱动治理创新。

此时，桃源居公益事业发展基金会以及千禾社区公益基金会、洋泾社区基金会这些案例的实践也引起了政府和社会的关注，一些学者更是进行了积极的倡导。深圳、上海等地也展开了大量的调研并开始试点。深圳市委、市政府为推进基层治理模式，率先试点社区基金会，并将其列入了深圳市2014年改革计划项目和社会建设“风景林工程”的重点项目。2014年3月，深圳市民政局出台《深圳市社区基金会培育发展工作暂行办法》及有关配套制度，同时在光明新区辖区内由党政部门向企业号召捐款，在凤凰、白花、新羌、圳美、玉律 5 个社区启动了全国首批社区基金会试点工作。2015 年，中国第一家居民主导的社区基金会——蛇口社区基金会也成立起来。随后，深圳市社区基金会逐渐铺开。

与此同时，2014 年，上海市将“创新社会治理，加强基层建设”列为市委“一号课题”，并发布“1+6”系列文件，明确提出“在街道（乡镇）层面探索设立社区发展基金（会），为社会资金支持社会力量参与社区治理创造条件”。上海市社团局为落实文件的执行，由市级向区级再向街道层层动员、逐渐展开，截至 2016 年 3 月底，社区基金会由原来的 2 家增加至 22 家。社区基金会由此进入快速发展阶段。当然，在这个过程中，南京、北京、成都等地也纷纷效仿，开始了社区基金会的试点探索工作，如南京市民政局出台了《关于推动南京市社区型基金（会）发展的实施方案（试行）》，提出了在未来一年中建成不少于 30 家社区型基金会、实现社区型基金全覆盖的发展目标。

这一时期社区基金会发展的主要特点是，社区基金会的理念已经被广泛接受，政府开始通过行政逻辑自上而下地推动社区基金会行业的发展：一是为社区基金会的发展提供制度保障；二是通过资金、场地和人员等多方面的支持直接推动社区基金会的成立；三是形成了社区基金会的多元化发展态势，不同地区的社区基金会创新模式不断扩散，相互竞争，推动行业的健康发展。

5.4　中国社区基金会的发展现状

首先，经过 10 多年的培育和发展，中国社区基金会已经初步形成行业生态。据基金会中心网的统计，截至 2019 年 12 月 22 日，全国社区基金会的总数为 181 家，近 10 年来增加了 10 倍多，可以说，社区基金会是基金会行业发展最快的组织类型。从图 5 - 1 可以看出，2014 年之前，中国的社区基金会发展主要还是处于各地自发和零星探索的阶段；2014 年后，社区基金会呈快速发展趋势。特别是 2016—2017 年，社区基金会忽然出现了井喷式发展，2018 年后出现一定程度的放缓。其中一个非常重要的原因是民政部于2018年发布了《民政部关于〈社会组织登记管理条例（草案征求意见稿）〉公开征求意见的通知》，在形式上将之前的社会服务机构（即“民办非企业单位”）、基金会、社会团体三个独立的条例合并为一个统一的《社会组织登记管理条例》，该征求意见稿大大提高了基金会的注册门槛，激发了一些地方民政部门在意见稿尚未通过时大力推动成立社区基金会，这也表明相关的政策对于社区基金会的成立具有很大的影响。总体来说，社区基金会是一个非常年轻的行业，约80%的社区基金会的成立时长在5年以下。

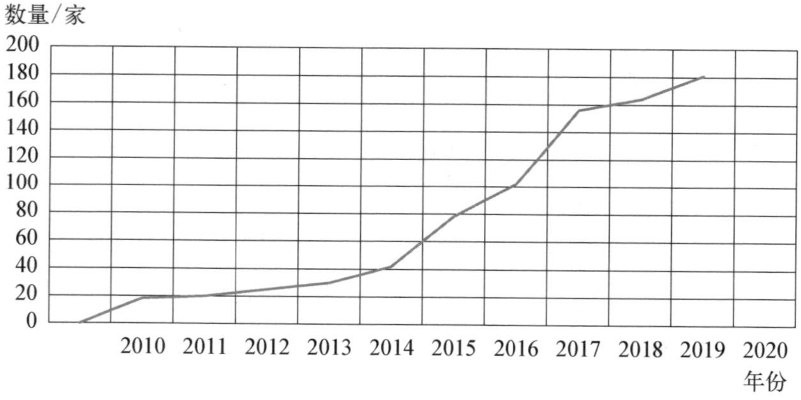

图5-1　社区基金会数量增长趋势①

其次，社区基金会的地区分布非常不均衡，仅有14个省份有社区基金会，且主要集中在珠三角和长三角地区，特别是深圳和上海两市，它们在社区基金会的行业发展方面占据绝对优势。从各地社区基金会的发展数量可以看出（见图5-2），上海和广东是社区基金会行业发展的第一梯队，两地社区基金会总数达到114家，占全国社区基金会总量的75%。特别是上海，由于地方政府的高度重视和大力推动，三分之一左右的街镇建立了社区基金会，初步形成了社区基金会的行业生态，对推动和引领社区基金会的发展做出了重大的贡献。其次是位列第二梯队的江苏、浙江和北京。另外，湖北、四川等地也开始逐步孵化和培育社区基金会，是社区基

① 数据源自基金会中心网。

金会发展的第三梯队。需要指出的是，成都市近年来在社区营造、社会组织培育等方面做了大量探索，对社区基金会的培育更是做了很多努力，虽然该市社区基金会的数量不是很多，但是其培育和发展路径值得高度肯定。从上述社区基金会的空间分布也可以看出，社区基金会的发展与该地的经济水平、地方政府的能力、社会治理创新举措有着密切的联系，社区基金会的数量在一定程度上是衡量该地社会治理水平的重要指标。

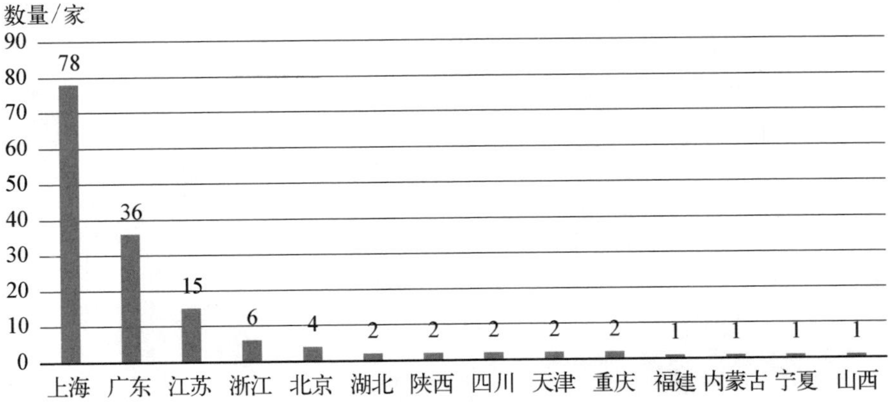

表 5-2　国内社区基金会地域分布①

再次，社区基金会的资产状况参差不齐。与美国社区基金会动辄几十亿美元的资产规模相比，中国社区基金会的行业规模、影响力、筹资额和资产额等都非常小。基金会中心网的数据显示，我国的社区基金会均为资产在 3 000 万元以下的小型基金会，全国社区基金会的总净资产仅为 5 亿元，相较于其他类型的基金会来说是最小的。以上海市为例，根据课题组 2018 年的调研，67. 44%的社区基金会原始资金为 200 万元，注册资金最高的上海金山卫镇社区发展公益基金会也仅为 601 万元。另外，国内 99%以上的社区基金会是非公募基金会，大部分社区基金会每年的支出额都为上一年度基金余额 8%的底线，而且还存在筹资困难等问题。有投资行为的社区基金会会积极进行资产配置，但主要集中于短

① 数据源自基金会中心网和上海社会组织网（数据截至 2019 年 8 月）。

期投资或长期股权投资的某一类，且无长期债券投资。另外，一个较为值得关注的现象是，由于社区基金会的体量和规模都比较小，社区基金会的平均投资资产占比仅为36.6%，是所有基金会类型中最小的。但是，社区基金会的平均投资回报率却是最高的（9.4%），公益基金行业的平均回报率仅为5.3%。

最后，社区基金会的行政色彩浓厚。中国的社区基金会主要由行政驱动成立，政府不仅在培育过程中给予其专门的政策优惠，而且大部分社区基金会都由政府直接投入公共财政资金成立，很多社区基金会的运作也有很强的行政色彩，如人事的安排、资金的使用、筹款的介入等，这导致我国的社区基金会公私界线模糊，其对政府部门的高度依赖使其缺少独立性，难以独立发展。

5.5 各地社区基金会的培育模式和经验比较

正如上文所指出的，上海、广东（以深圳为主）是目前全国社区基金会发展的第一梯队，在社区基金会行业倡导方面做了大量的工作，成都的社区基金会总量虽然不多，但是其培育和发展工作却非常扎实，因此，深圳、上海和成都三地关于社区基金会的发展经验对全国其他地方的相关工作具有重要的借鉴意义。

5.5.1 深圳社区基金会的发展

深圳是中国第一个经济特区，是中国改革开放的窗口，是粤港澳大湾区四大中心城市之一，是一座充满魅力、动力、活力、创新力的国际化创新型城市。深圳是中国经济中心城市之一，经济总量长期位列中国大陆城市第四位；深圳也是一座人口超过1 000万人的特大移民城市，截至2018年年末，深圳常住人口1 302.66万人，常住非户籍人口847.97万人，占总常住人口的65.1%。深圳不仅在高新技术产业、金融服务产业、创意文化产业方面具有重要的地位，更在中国制度创新、扩大开放方面肩负着试验和示范的重要使命，2019 年，深圳更是被中央确定为中国特色社会主义先行示范区，因此，深圳在经济发展和社会治理方面的经验对全国都具有重要的借鉴意义。

作为全国改革开放和制度创新的前沿，深圳在基层治理方面也经历了一个不断探索、调整完善的过程。改革开放后，深圳一直实行“议行合一”的居委会体制，将居委会作为政府行政管理的延伸。2005 年，深圳发布实施《深圳市社区建设工作试行办法》《深圳市社区建设发展规划纲要》，全面推行居委会与社区工作站的“居站分设”、推进居委会与股份公司分离、探索“一站多居”的社区管理体制、引入专业社工开展社区服务；2011 年，建立社区服务中心，政府购买社会工作服务；近年来，深圳又通过“党群服务中心”进行系统整合……这些探索和实践对推动深圳以及全国的社会治理创新都有重要的启发意义。但是，深圳的社会治理也面临“居站权责不清、社区行政化倾向严重、居民参与热情不高、社区社会组织内生动力不足”等问题，因此，社区基金会作为破解上述治理难题的创新实践应运而生。

深圳是中国社区基金会的发祥地，也是全国首个政府支持社区基金会培育发展的城市。这一培育模式之后被上海、苏州、成都等城市借鉴学习，成为中国社区基金会的重要发展模式。由于桃源居公益事业发展基金会的成功实践，再加上一些专家的倡导和呼吁，深圳市领导也意识到社区基金会在拓宽慈善资源渠道、健全社区公共服务体系、改善社区民生和公共福利、提升社区自治和社会治理水平等方面具有积极作用，于是大力推进社区基金会建设，并计划在 2014 年重点培育 8~10 家社区基金会进行试点，以及探索通过冠名基金的形式支持和推动社区基金会的发展。深圳市将社区基金会培育发展工作列入 2014 年深圳市社会建设“风景林”工程重点项目，由市社工委统筹，市民政局具体落实。

2014 年，《深圳市人民政府关于充分发挥市场决定性作用全面深化金融改革创新的若干意见》提出积极开展慈善公益信托等创新产品试点，加大对慈善公益事业等领域的金融支持力度，推动社会资本和慈善公益资产等新型要素平台组建运行，探索公益项目资产等特定种类的资产证券化问题。《深圳市 2014 年金融改革创新工作重点》明确提出，“探索在深圳设立专业公益信托管理机构，开展公益信托业务试点”。2014 年 3 月，深圳市民政局出台了《深圳市社区基金会培育发展工作暂行办法》（以下简称《暂行办法》），这是地方省市首次颁布社区基金会的相关法规，《暂行办法》包括社区基金会的设立、治理结构、管理运营、支持和保障等内容，确立了深圳市社区申请设立社区基金会的条件、程序和内部治理结构，并规定了对社区基金会的税收等优惠条件，且大大降低了社区基金会的成立门槛。其中，《暂行办法》将社区基金会原始资金最低额度降至 100 万元（按《基金会管理条例》规定，成立非公募基金会的原始资金下限是 200 万元，成立地方性公募基金会的门槛是 400 万元）。这一办法直接催生了一批政府倡导的社区基金会，开创了全国社区基金会制度化的先河。光明新区在凤凰、白花、新羌、圳美、玉律 5 个社区启动了全国首批社区基金会试点工作。2015 年 12 月，全国首个区级社区基金会——光明社区基金会在深圳市光明新区揭牌，成为覆盖光明新区 28 个社区的区级社区治理平台，该区级社区基金会作为支持平台，可以为其他社区基金会提供人力、资源和技术支持，为暂不够条件成立社区基金会的社区设立冠名基金。与此同时，深圳市政府为大力促进深圳慈善模式转型，鼓励各区注册登记社区基金会，如未达到基金会法人登记条件，可根据《深圳市慈善会社区冠名基金管理办法》在深圳市慈善会下设立社区冠名基金，要求深圳市慈善会承接社区基金会专业人才的培训任务，协助政府对其进行运作管理。

为加强对社区基金会的培育发展和规范管理，深圳市民政局还制定了《社区基金会培育孵化规范监管的管理办法》及《深圳市社区基金会发展指南》等配套政策文件，深圳市慈善会在全国率先开展全市社区基金会的培育孵化和运营规范等工作，探索不同模式社区基金会的持续发展，推动社区治理创新。2018 年，深圳市的社区基金会达到 27 家，其中区级 2 家、街道级 7 家、社区级 18 家，总数占广东省社区基金会的 70%以上，至此，社区基金会呈多元发展态势。社区基金会的成立和发展使公益慈善成为一股推动社区改善的可持续力量，这股力量在社区内扎根生长，形成了一种全新的公益慈善生态。

案例：凤凰社区基金会

作为深圳光明新区凤凰、白花、新羌、圳美、玉律 5 家试点社区基金会中的一家，凤凰社区基金会从初创到成长的整个阶段均得到了光明新区区政府的大力扶持。发起之时，基于光明新区区政府的倡导，凤凰社区主动整合社区资源，最终由辖区内的国有企业光明集团出资 234 万元、深圳市的同心俱乐部同心会出资 100 万元、桃源居公益事业发展基金会出资 166 万元，合计 500 万元作为凤凰社区基金会的原始注册资金。在注册登记之时，基金会直接到深圳市民政局注册登记，各项行政手续直接走绿色通道。在基金会理事会的人员架构上，大部分以企业管理人员为主，还包括凤凰社区推荐的法律顾问及媒体记者，这在社区基金会的专业性运作方面有着重要作用。

5.5.2　上海社区基金会的发展

上海是中国的国际经济、金融、贸易、航运、科技创新中心。作为一个有超过 2 400 万人口的超大型城市，上海也在经历工业化、信息化、城市化、市场化、国际化的“五化并举”，社会的开放性、流动性、复杂性相比其他城市更加突出，社会治理的难度和压力也更大。2013 年以来，习近平总书记连续五年参加全国人大上海代表团审议，对上海探索创新社会治理提出了殷殷期盼，“希望上海努力走出一条符合超大城市特点和规律的社会治理新路”。根据这一要求，上海积极创新社会治理，特别是在基层党建、精细化治理、协商民主等方面形成了具有普遍示范意义的制度安排和创新实践，形成了超大城市社会治理的经验模式。

2014 年年底，上海发布了《中共上海市委、上海市人民政府关于进一步创新社会治理加强基层建设的意见》的“1+6”文件，构建起上海这一超大型城市社会治理创新发展的“四梁八柱”，“1+6”文件围绕街道体制机制改革、做实基本管理单元、补齐服务网络短板、深化居民自治与社区共治、激发社会活力和社区工作者队伍建设等方面制定了很多具体的指导性办法。在激发社会活力、鼓励社会组织参与社区治理方面，上海出台了一系列举措。首先，培育发展社区社会组织，加大社区生活服务类、社区公益慈善类、社区文体活动类和社区专业调处类等四类社区社会组织的培育扶持力度，降低注册门槛。其次，推进社会组织服务平台建设，在街镇层面成立社会组织服务中心、社会组织联合会、社区基金会等枢纽型组织，为社区社会组织发展提供技术和资金支持。目前，上海已经实现市、区、街（镇）社会组织服务中心全覆盖，并制定了街（镇）社会组织服务中心建设指南及地方标准，实现了中心社会化、实体化和规范化运作。最后，在政府购买服务方面，建立了全市统一的政府购买服务管理平台。

社区基金会的发展是市委“一号课题”出台后的重要创新举措。在“一号课题”出台之前，上海也有一些街镇开始进行前期的探索。例如，上海在 2012 年 9 月就成立了民间力量发起的以“社区”命名的基金会——上海美丽心灵社区基金会，这是一家以促进儿童心灵健康成长发展为愿景的慈善组织。2013 年 8 月，上海浦东新区洋泾街道为带动社区居民参与，由街道发起并出资 400 万元成立了我国首家公募社区基金会。2014 年后，上海也开始推进社区基金会的制度化建设。市委“一号课题”明确指出，“在街道（乡镇）层面探索设立社区发展基金（会），为社会资金支持社会力量参与社区治理创造条件”。2015 年，上海市民政局先后制定下发了《上海社区基金会建设指引（试行）》、《上海市社会组织评估指标》（2015 年版）、《关于加快培育发展本市社区社会组织的若干意见（试行）》、《建立上海市承接政府购买服务社会组织推荐目录（试行）》等文件，为上海社区基金会的健康发展提供了制度保障。同时，上海还建立各项鼓励扶持政策，提高各方力量参与社区基金会建设的积极性。一是放宽登记准入条件。如畅通成立登记渠道、放宽办公场地要求、探索下延审批权限（将非公募社区基金会审批权限下延至有条件的区县登记管理机关）等。二是完善服务支持体系。发挥服务平台的作用，同等条件下，可优先申请入驻社会组织孵化基地、优先接受政策咨询和指导服务、优先享受减免场所租金等优惠扶持政策。三是推动政府购买服务。将社区服务内容纳入政府购买服务范围，将符合条件的组织纳入承接推荐目录，合理确定社会组织人力资源的成本比例，对符合条件的项目可以签订履行期限为1~3 年的政府采购合同，鼓励和引导通过项目合作、品牌输出等方式跨区域承接政府购买服务项目。四是扶持发展。加强项目支持、能力建设和人才培训，对社会贡献大、成绩突出的社区社会组织及优秀人才给予适当奖励；对符合条件的，及时认定非营利组织免税资格、公益性捐赠税前扣除资格，落实相关税收优惠政策。

在上述政策办法的支持下，上海各区纷纷启动成立社区基金会。大部分社区基金会是由街道直接出资 200 万元成立的，并将其挂靠在街道自治办下，委任街道社区工作者担任基金会秘书长一职。在社区基金会的运行中，政府不仅在人、财、物等方面给予了很大支持，而且在发动社区参与、联络企业捐赠等方面也做了大量的工作。截至 2019 年 9 月，上海总共注册登记成立了 83 家社区基金会，超过三分之一的街镇都成立了社区基金会，上海超越深圳成为社区基金会数量最多的城市，构建了社区基金会的行业生态。

除了推动成立社区基金会外，上海市及其下各区在社区基金会的能力建设方面也做了大量工作，如依托上海交通大学、华东理工大学、华东师范大学等高校力量，举办各种类型的社区基金会从业者能力建设培训班。此外，上海市相关部门还搭建了各类学习平台，建立社区基金会的互助学习纽带。

案例：普陀区桃浦镇社区基金会

桃浦镇位于上海市普陀区西北部，区域面积 18.83 平方千米，全镇下辖 9 个镇属园区、村、公司，有村民委员会、居民委员会 32 个，筹建居委会 8 个，全镇常住人口近 20 万人，各类弱势群体相对集中。为帮助社区困难群众，2005 年，桃浦镇成立了全市第一家民办非企业性质的社区扶贫济困互助中心。10 多年来，中心募集资金 1 500 多万元，帮助困难人群达 1.5 万多人次。由于互助中心系民办非企业性质，无法接受社会捐赠，不能开具捐赠票据，企业捐助的资金需要通过上海市慈善基金会普陀区分会周转，互助中心每年的结余需要征税……这一系列事务给中心开展工作带来诸多不便。2014年，市委"一号课题"提出"推动居民区设立'社区自治金'，在街道（乡镇）层面探索设立社区发展基金（会），为社会资金支持社会力量参与社区治理创造条件"。此后，根据市、区民政局的相关精神，2015年8月，由社区扶贫济困互助中心全额出资200万元成立上海桃浦镇社区基金会（这也是上海首家乡镇社区基金会），用以承接互助中心的资金募捐功能，管理居民区服务群众等专项经费，它的成立，为桃浦镇开展社区共治和社区自治提供了重要的资金保障。

5.5.3 成都社区基金会的发展

成都是国务院批复确定的中国西部地区重要的中心城市，常住人口超过1 600万人，是一个传统与现代完美融合的城市。成都有着底蕴深厚的城市文化，素有"天府之国""蜀中江南""蜀中苏杭"的美称，依托深厚的天府文化，成都正在打造具有全国引领力、全球竞争力的世界文创名城。

虽然成都的社区基金会数量并不多，但却是近年来社区营造最为活跃的城市，故而成都社区基金会的发展要在总体社区营造的框架下来理解。

成都的社区营造从2008年开始经历了10年的培育和发展历程。2008年，成都推进社区治理机制创新；2009年，其将公共服务资金纳入财政；2014年，开展社区公益创投活动；2016年，成都借鉴台湾社区营造的理念，启动了社区总体营造行动。社区营造的目的在于培养社区居民参与加强和完善社区自治功能的活动，要求对涉及社区公共利益的重大决策事项、关乎居民切身利益的实际问题和矛盾纠纷，原则上由社区党组织、基层群众性自治组织牵头，组织居民协商解决。成都在推动社区总体营造的过程中一直强调顶层设计和制度规划，制定了"社区议事会制度""社区公共财政制度”和“院落自治制度”来保障“还权赋能、协商参与”的真正落地。其中，社区公共财政制度是训练居民参与公共资金管理、提升居民民主意识的重要举措。这一制度设计为居民自发解决社区公共议题提供了一种资源支持，通过居民、自组织团体、居委会提案，议事会协商、决策，评审委员会评定资助，按照购买服务流程招标评选的方式来建立一个众事共议共决的机制，其实质是一种参与式预算的社区基金。这一预算管理的参与机制和社区基金会的资金管理机制存在相通之处。议事会决定资金使用方向，评审委员会决定具体项目的评审，这与社区基金会的理事会制度和项目评审制度也有相似之处，从而为社区基金会的成立和运作奠定了良好的群众基础。正如成都市民政局江维处长所介绍的那样，“社区公共财政制度表面是给每个社区拨了一笔钱，实际上这笔钱更多是一种工具，是通过民主协商花钱撬动参与的工具，通过资源来促进居民自发解决社区生活议题的资源支持”。

虽然成都的社区基金实现了全覆盖，但社区基金是行政主导的，资金基本来源于财政预算，资金使用的灵活性低，且对政府的依赖性强。为了激活更多的社会资源，成都从 2017 年开始尝试培育和发展社会企业。社会企业以实现社会目标为核心，在有限的利润分配之后，清算剩余资产并投入公益事业的再发展。这一制度设计是希望通过社会企业的发展为社区注入更多的资金，培育社区自组织团队，从而激发社区自治的内生动力，扩大社区基金的来源。

经过 10 多年的社区营造培育历程，成都建立了很好的居民参与基础。2018 年 4 月，成都市民政局、中共成都市委组织部、成都市委城乡社区发展治理委员会联合出台的《关于进一步深入开展城乡社区可持续总体营造的实施意见》提出，“到 2020 年，实现不低于 90%的城乡社区开展可持续总体营造行动的总体目标，确定了激发社区居民建立自组织、引导自组织转化为社区公益组织、培育自组织领头人、开展社区公共意识教育、寻找支点撬动总体营造、搭建平台深化社区协商、建立社区基金（会）、发展社区企业等 8 项任务”。时至今日，成都一直在为这一目标努力着。

在成都培育社区基金会的过程中，成都市民政局、锦江区民政局依托成都市锦江区社会组织发展基金会做了大量的孵化和培育工作。锦江区社会组织发展基金会自2016年开始连续数年举办全国性的基金会论坛，培育本地社区基金会专业人才，构建本地社区基金会合作伙伴，还实施了成都社区基金会育苗计划项目、成都社区基金会培育发展项目，推动了武侯区社区发展基金会、麓湖社区基金会等多家社区基金会的成立。

案例：武侯区社区发展基金会

武侯区辖区内有16.7万余人口，下辖13个街道、87个社区、13万余家企业，其中有公益传统的企业60余家，社会组织854家，是成都市所有区中社会组织数量最多的，同时辖区内还有25家社区微基金，资金额在3 000元到20 000元不等，它们挂靠在市慈善总会下，主要在扶贫帮困、急难救助等领域发挥作用。上述已有的实践为后期武侯社区基金会的成立培育了公益土壤。2017年，在武侯区委、区政府的大力支持下，成都武侯产业发展投资管理集团有限公司出资800万元成立了武侯区社区发展基金会，其自身定位为由企业出资、街道社区协助、区委社治委统筹、区民政局指导，且聘请社会化人员运作的基金会。2018年4月3日，在区委副书记主持召开的常务会议中，区委书记审议通过了该社区基金会的筹建工作方案。2018年8月，武侯区社区发展基金会正式成立。

5.5.4 三地社区基金会发展的比较和经验总结

深圳、上海、成都代表了中国大陆社区基金会行业发展最为快速的城市，在这一行业的发展过程中具有引领示范性意义。在它们的引领下，南京、苏州、杭州、北京等城市也逐步大力推动社区基金会的发展。

从上面的介绍中可以看出，三个城市在推动社区基金会的发展方面具有一些共同的特点。首先，主要以政府推动为主，且都实现了社区基金会的制度化。例如，三个城市都由民政部门制定了专门的关于社区基金会培育和发展的管理办法，深圳甚至还突破了《基金会管理条例》的相关规定，降低了社区基金会的成立门槛，这也使得深圳的多家社区基金会的注册资金仅为 100 万元。其次，形成了“市—区—街道（社区）”三级联动的社区基金会培育机制。例如，上海和深圳均采用的是“市级登记+区级管理”的工作模式，区级民政局作为业务主管单位，负责本行政区域内社区基金会培育、发展、管理工作的统筹规划、综合协调和指导。街道办事处作为社区基金会的业务指导部门，需要在日常的指导、联络和监管等方面发挥直接的作用。最后，在社区基金会的具体运作过程中，各级民政部门和街道办事处给予其大力扶持，如提供办公场地和设施、购买社区基金会项目等，支持社区基金会的发展壮大。

当然，不同的城市在社区基金会的发展过程中仍然存在一些差异。例如，相对而言，深圳更加鼓励社会创新，鼓励提高社区基金会的多元发展模式，还尝试引入公益信托机制来促进社区基金会的发展。上海在制度建设和社区基金会的规范化建设方面下了更大的功夫，“市—区—街道（社区）”的三级联动机制相对更扎实，区级民政局和街道办事处的积极性也更高，但同时社区基金会的行政化色彩也更浓厚。成都在社区营造的体系化建设方面基础更深厚，特别是在社区基金会成立前做了大量的氛围营造工作和能力建设工作，虽然成都的社区基金会的数量不多，但是孵化工作更为扎实。

5.6　社区基金会本土化的驱动因素

前文指出，社区基金会虽然是一个来自西方的舶来品，但是与中国的公益慈善文化、社会治理体制和社会结构具有高度的兼容性，这表明社区基金会在中国的发展具有一定的文化和制度基础。然而，为何到 2014 年之后才出现社区基金会的快速发展，中国社区基金会的驱动因素是什么？笔者认为，社区基金会行业的发展背后包含了宏观的制度因素和微观的实践行动，是自上而下的行政逻辑和自下而上的社会逻辑、外部因素的推力和内部因素的拉力等共同作用的结果。具体而言，这些要素包括以下五个方面。

1. 基层社会治理的问题倒逼

自20世纪80年代中期开始推动社区建设以来，中国的基层社会治理取得了巨大的进步，特别是治理理念、治理平台、治理资源、治理方法等，都发生了很大的转变。但同时，我们也应该看到当前中国社区建设中还存在很多问题：社区治理的角色错位，居委会的行政化色彩仍然非常浓厚；社区治理资源单一，主要依赖政府的财政资源，虽然一些地方采用“公共服务资金+自治金”等创新方式来驱动居民参与，但行政色彩仍然非常浓厚；社区的参与不足，居民参与社区自治缺乏内生动力；政府购买社会服务的资源渠道非常单一，社区基金会缺少自主性、依赖性太强，并且受制于财政开支的刚性约束，灵活性不够；等等。总之，社区治理的新问题、新需求和新特点，需要新的治理方式来解决，这为社区基金会的发展提供了现实要求。社会治理需要多元参与，特别是需要积极动员社区参与和保障资源供给的主体。政府部门的公共服务主要是普惠型的，可以提供兜底的服务，但无法满足所有社会主体的多元化需求，难以包办所有的公共服务。市场主体以追求经济利益为目标，虽然在资源配置的效率方面更有优势，但在面对很多具有社会外部性的服务时却经常出现市场失灵。扎根社区、贴近社区需求的社会公益组织则在一定程度上可以弥补上述不足，成为公共服务供给的有益补充。社区基金会作为以整合资源为主要功能的组织，其在某种程度上可以成为社区利益的代言人，成为破解上述基层社会治理难题的有效方式。

2. 公益慈善模式创新的需要

中华人民共和国成立70多年来，中国的公益慈善事业发展取得了巨大的进步。以社会组织为主要载体的现代慈善事业已经成为国家治理体系和治理能力现代化的重要内容。2008年，后中国更是进入了互联网时代的全民慈善时期；2016年，《中华人民共和国慈善法》颁布实施，中国公益慈善步入有法可依的“善时代”，公益慈善事业朝着精细化、全民化和广覆盖的趋势发展。随着全民慈善时代的到来，如何更好地管理公众的慈善捐款，以及如何实现公益慈善的在地化便成了一个新的需求。实际上，很多居民不仅有捐赠的意愿，而且对公益慈善资源的使用的要求也不断提高。很多居民基于对自己所在社区的关注，愿意为改善社区而进行各种形式的捐赠。社区基金会“是用大家的钱更好地解决大家的事情，由于事关每一个人的物质利益和享受的公共福利，每一个社区居民和组织都有足够的理由和动力发表甚至是影响每一笔开支的使用方向”（刘建文，2008）。当居民们通过社区基金会平台进行捐赠和提供资源的时候，他们也应对资源的使用方向和效果有充分的知情权和话语权。社区基金会最大的价值在于实现了公益慈善的在地化，社区基金会通过资助社区内公共服务组织为社区提供各项服务，能够增加社区内居民参与社区活动的积极性，培育社区居民的参与精神和互助意识，因此，社区基金会是“善时代”公益慈善的重要创新。

3. 社会组织体制变革提供的制度空间

党的十八大可以被视作社会体制改革正式酝酿的起点，党的十八大报告提出了“加快社会体制改革”和“加快形成政社分开、权责明确、依法自治的现代社会组织体制”的要求，由此确立了社会组织在治理体系中的主体地位。此后，国务院围绕建立现代社会组织体制的要求，降低社会组织的登记门槛，逐步推进行业协会商会与行政机关脱钩，并重点培育、优先发展行业协会商会类、科技类、公益慈善类、城乡社区服务类社会组织。十八届三中全会提出“推进国家治理体系和治理能力现代化”，全面启动了社会治理变革，开展了从《社会团体登记管理条例》《基金会管理条例》等法规的修订到《社会服务机构登记管理条例》《中华人民共和国慈善法》等新法的立法工作，极大地推动了社会治理的创新实践。这些国家层面的法律法规的修订为社区基金会的发展创造了制度空间。各地关于社区基金会的政策和实施意见更是直接催生了这一行业。据统计，目前已有的从政府门户网站收集的关于社区基金会的政策超过 60 个，直接相关的政策也超过 30 个，这些政策文件包含了倡导类、规范类和扶持类等多种类型。特别是 2017 年出台的《中共中央国务院关于加强和完善城乡社区治理的意见》，提出鼓励通过慈善捐赠、设立社区基金会等方式引导社会资金投向城乡社区治理领域，这是社区基金会的概念首次被写入中央文件。另外，在上面关于深圳、上海和成都三地培育和发展社区基金会的论述中，我们可以看到一个共同的特征——制度和政策先行。

4. 三社联动困境的破解之道

“三社联动”是以政府购买服务为牵引，以社区为平台，以社会组织为载体，以社会工作者为骨干，以满足居民需求为导向，通过社会组织引入外部资源和社会力量，通过社会工作者提供专业化服务，把矛盾化解在社区的新型社会治理模式、社会服务供给方式和全新社会动员机制。然而，三社联动在实践中却面临很多难题。例如，社会组织和社区的话语体系、工作逻辑、供需匹配等方面都存在很多衔接不善的问题。作为兼具“社区性”和“慈善性”的社区基金会则可以在促进三社联动方面发挥重要作用。这是因为：首先，社区基金会本身就是资助型的社会组织，培育和发展社会组织是其重要的使命，因此在性质和功能上决定了它们与其他社会组织相比更具有亲和性；其次，与其他的外来社会组织不同，社区基金会是在地的社会组织，对居民的需求相对更加了解，因此在衔接外来社会组织与社区居民需求方面具有得天独厚的优势，特别是在需求研究、产品原型设计、供应商管理、招投标、项目监理评估、沟通协调等居间工作中可以发挥较大的功能；最后，社区基金会相对在资金的使用方面更加多元和灵活，可以通过多种渠道整合资源，从而在资助项目和社会组织时弥补政府功能的不足。

5. 公益界和学术界的倡导和支持

社区基金会作为一种公益慈善和社会治理的创新模式，它的理念能够被接受、传播和扩散离不开学术界、媒体和公益慈善界的大力宣传。例如，深圳在推进社区基金会的过程中积极整合媒体资源，建立社区基金会媒体宣传库，积极开展深圳社区基金会的宣传报道工作。上海的社区基金会的发展则离不开上海多个高校的推动，如上海交通大学、华东理工大学等都举办了多次社区基金会的高端论坛；此外，上海映绿公益事业发展中心在前期对社区基金会的陪伴孵化、上海新力公益基金会举办的“新力杯”社区基金会大赛等都在社区基金会的发展中发挥了重要的作用。成都更是连续多年举办社区基金会的“603”论坛，对当地甚至全国的社区基金会的发展起到了积极作用；另外，“禾平台”、正荣公益基金会、成都市锦江区社会组织发展基金会在搭建平台和能力建设方面也做了大量的工作。正是上述这些力量，使全国的社区基金会形成了一个行业合作网络，共同促进了社区基金会的健康发展。

5.7　中国社区基金会的本土化特点

相较于西方社区基金会的百年发展史，中国社区基金会的本土化进程不过十年有余，却经历了从国外借鉴、以点带点、地方实践探索、缓慢发展，再到如雨后春笋般快速发展的过程。如果说西方社区基金会是基于内生逻辑自下而上主动扩散并形成行业生态的，那么，中国本土的社区基金会则是在行政力量的作用下自上而下地迅速扩张的。中国社区基金会的政策环境、行业发展与实践运作与国外仍然有较大的差异，主要表现在以下四个方面。

第一，社会治理体制不同。以美国为例，美国的社会治理体制是建立在多元主义基础上的社会自治，强调地方自治。由于小政府、大社会的治理结构，美国政府承担的公共服务相对较少，大量的公共服务需要社会力量来提供，社区基金会正是由于政府在社区公共投入不足而产生的。中国的社会治理体制的构建目标是要建立和完善“党委领导、政府负责、民主协商、社会协同、公众参与、法治保障、科技支撑”的治理体系，在这一治理体系中，党的领导是我们的制度优势和构建治理体制的根本，且主要发挥统合性作用；我们需要在坚持党的领导的前提下充分发挥社会协同的力量，从而激发社会的活力。不同的社会治理体制决定了社区基金会的形成逻辑和政社关系的不同，这是理解我国社区基金会本土化特点的起点。因此，我国社区基金会的本土化并不是简单地移植和复制西方的组织架构和运行方式，而是在中国的社会治理体系下发挥其价值。

第二，法律和政策环境不同。公益慈善的法律法规，特别是与慈善相关的税收制度对基金会的发展具有直接的影响。美国的基金会相对发达是因为它们的税收体系中所得税、遗产税和赠与税等直接税的纳税比例较高，这就使得公共慈善机构的捐款可以享受较多的免税政策。而我国的税收体系以增值税等间接税为主，所得税的比例相对不高，还没有征收遗产税、赠与税等，因此其对公众公益慈善捐赠的激励力度相对不足，从而使得中国的社区基金会在公众筹款难度上要比美国的社区基金会大很多。另外，美国已经建立了相对健全的关于慈善捐赠和税收监管的体系，这也对公益慈善的捐赠和基金会的规范运作有促进作用。

第三，社区基金会的驱动逻辑和治理方式不同。美国的社区基金会是自下而上从市民社会中生长起来的，有很深的社会基础，独立于政府，甚至在议题倡导方面还可以影响政府。中国的社区基金会则存在多元形态：既有由企业发起的，如桃源居公益事业发展基金会；也有由社会发起的，如蛇口社区基金会；但更多主要还是由政府发起的。相对来说，自上而下的政府驱动成立是我国社区基金会成立的主要方式。这一驱动逻辑也影响了社区基金会的治理方式，西方社区基金会治理的自主性相对更强，中国社区基金会的社会化运作相对不足。

第四，社区基金会的功能定位不同。美国的社区基金会是公共慈善机构，其实质是公益慈善资产的专业管理机构，因此，美国的社区基金会的慈善属性更浓，其从业者主要是公益慈善的专业人员。由于具有公募资格，美国的社区基金会相对来说规模都比较大，其社区范围也不受行政空间的限制。中国的社区基金会的概念是在社会治理创新的语境下提出的，虽然其也有公益慈善的功能，但它更主要的定位是社区发展和社区治理，因此，中国的社区基金会社区属性更强，其从业者主要是社区工作者，很多社区基金会对公益慈善的理解仍然是非常传统的救贫帮困。另外，中国的社区基金会主要是非公募基金会，且又受制于特定的行政空间范围，由此导致其规模普遍较小。

第6章　中国城市社区基金会的治理结构

作为一个专业的社区公益慈善组织，社区基金会的使命是实现慈善资源和公共利益的最大化，它承载着促进社区发展、培育社区公益慈善文化、推动社区资产保值增值等多重任务和目标。而构建和完善健康的社区基金会治理结构是实现上述目标的重要组织保障。社区基金会的治理结构首先探讨的是社区基金会与其他相关组织和主体的相互关系，以及在整个社会治理体系中所处的位置（本书将其称为外部治理）。社区基金会的治理也包含社区基金会自身的规范性运作、社区基金会内部的组织架构、机构的专业化程度等要素，主要讨论的是组织内部的关系问题（本书将其称为内部治理）。当然，社区基金会作为一个主体，其外部治理和内部治理是相互作用的，如果社区基金会无法处理好与外部组织的关系，则该组织的合法性、获取资源的能力和参与社会治理的程度都会受到影响，这就影响了社区基金会的内部运作。反之，社区基金会自身的能力需要通过在整个治理体系中发挥作用来得到认可。

西方的社区基金会经历了百年发展历程，已经形成了完善的治理结构、多元的筹资渠道、成熟的资助体系、有效的监管机制等。社区基金会在我国的本土化历程还非常短，总体来说，这一行业在我国仍处于起步阶段，而且国内的大部分社区基金会是行政驱动成立的，无论是推动者还是运作者，都对这一新生事物缺乏专业的认知，存在社区基金会的相关法律法规不健全、专业能力弱、内生动力不足、社会影响不足等问题。目前，大部分社区基金会尚未形成健康的治理结构，很多社区基金会甚至面临治理虚化、行政化运作的困境，这不仅背离了社区基金会的组织属性，甚至会成为其额外的负担。随着社区基金会的快速发展，其治理问题也越来越受到重视。社区基金会处于非常复杂的关系网络中，它不仅需要借鉴市场运作经验，提升自身运作效率，而且需要秉持透明、公开、公正的原则，最大限度地提升社区公共资产的使用效率，为社区提供更好的公共服务。因此，如何形成社区基金会的健康治理结构对于社区基金会行业的健康发展来说具有重要意义。

6.1 国家社会关系视角下的社区基金会外部治理

6.1.1 如何理解社区基金会的外部治理

社区基金会的外部治理是指社区基金会与基金会外部的各类主体的关系。社区基金会的外部治理是衡量其能否有效整合资源、筹集资金的重要指标，作为一个在地化的公益慈善组织，理想状态下的社区基金会应能与政府部门、居委会和其他社会组织保持良好的合作关系，这样，它不仅可接受辖区内企事业单位和基金会等慈善团体的捐赠，还可与社区居委会和社区枢纽组织保持合作关系；它不仅可以资助社区自组织为社区居民提供服务，投资社企型组织为社区居民提供营利性服务，还可以通过服务购买、委托或资助慈善服务组织为社区居民提供非营利性服务，打造美好的社区生活（见图 6－1）。

在中国社区基金会的发展语境中，政府与社区基金会的关系无疑是最为重要的，厘清两者的关系直接关乎社区基金会的行业生态。“官办”和“民办”两种类型，是分析社区基金会与政府关系的逻辑起点。长期以来，由于社区基金会本身也是社区社会组织，而公民社会和法团主义理论视角是理解政府与社会组织关系最为重要的两个理论视角，因此也是理解社区基金会外部治理的两个重要理论视角。

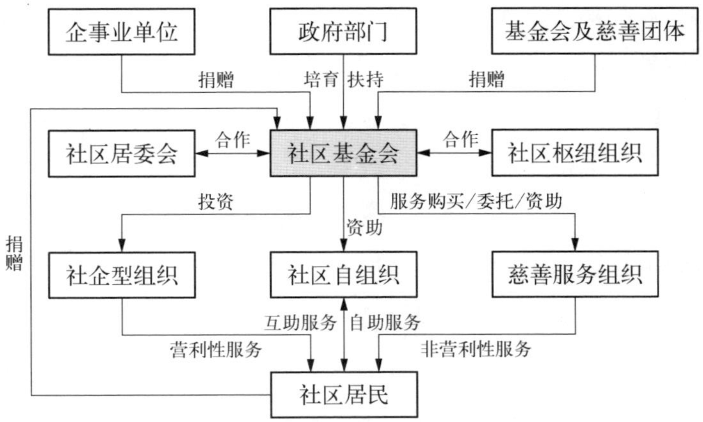

图 6－1　社区基金会的战略资助体系①

公民社会视角是基于国家与社会的两分法形成的。根据公民社会的视角，社区基金会是一个独立的法人团体，与政府部门是平等的合作关系，而不是依附性关系，这一视角强调其作为社会组织的自主性和独立性。社区基金会按照自身的章程、宗旨和相应的管理办法来运作，不受政府的干预，主要接受法律和社会的监督。

根据法团主义的视角，社区基金会是政府与其他社会力量、社会组织联结和沟通的中间组织，具有枢纽型社会组织的地位和功能。作为枢纽型社会组织，政府赋予了社区基金会整合社会资源的合法性和相对垄断性地位。与其他社区社会组织相比，社区基金会处于更核心的位置。在实际的运作中，政府与社区基金会是一种统合性的关系，这种统合性关系体现在社区基金会对政府财政的依赖上，以及政府对社区基金会的成立和运作的介入上。

正如第 4 章关于全球社区基金会发展历程的介绍中所指出的，以美国为主要代表的西方社区基金会是在市民社会中自下而上产生的，在那一情境下，社区基金会代表的是社会。社区基金会与政府的关系建立在国家与社会二分法的基础上，社区基金会的运作相对独立，因此更加适用市民社会的分析视角。

① 胡小军，朱健刚．“三社联动”机制下社区基金会的功能与运行逻辑［J］．华东理工大学学报（社会科学版），2018，33（1）：77－86。

中国的社区基金会则具有很强的行政驱动逻辑。第一，大部分社区基金会是政府推动成立的，这赋予了社区基金会不同于其他社会组织的合法性和社会认同度。在某种程度上，社区基金会的政府背景是其得到社区居民认可和信任的重要因素。因此，政府支持是社区基金会生存和发展的重要条件。对此，贺东航也认为，慈善组织的发展需要通过公权力的支持营造一个有利于社群组织发展的环境，而不只是强调慈善组织的自身建设（贺东航，2010）。第二，社区基金会的主要任务是管理社区的公益慈善资产，它承担了部分公共责任，具有很强的公共性，这种公共性特征使政府对社区基金会的规制和介入相对更深。第三，社区基金会的运作也会被主动纳入整体的社会治理体系中，它利用政府的权威和资源来实现自己的组织目标。正如何卫卫的研究所指出的那样，行政化对慈善组织的运作来说更有效率，慈善组织行政化的运作机制可以使组织不仅在借助行政资源以推进活动开展和计划安排上更具效率，而且可以借助自上而下的权力体系建立起体制内的行动网络，使得资源动员更具弹性、获取体制内资源的效率更高（何卫卫，2010）。总之，中国的社区基金会兼具行政化和社会化的双重属性，这一属性使得一方面政府对社区基金会具有很强的干预权力，另一方面社区基金会又可以利用自己的双重身份来获取体制内的资源。

因此，中国的社区基金会与政府部门的关系更加接近于国家法团主义的分析框架：政府倡导、培育发展社区基金会，并给予其充分的信任，在此基础上建立起社区基金会与其他社会组织的分工、合作与共治关系。

6.1.2 作为枢纽型组织的社区基金会

应将社区基金会置于中国社会治理的总体结构和制度框架下来理解。本书认为，分析社区基金会与基层政府、基层党组织、居委会、各类枢纽型社会组织、其他社会组织以及居民中自治团队的关系，亦即厘清社区基金会在整个基层社会治体系中的定位是非常必要的。中国的政策文件并没有关于社区基金会定位的相关规定，但在 2017 年 12 月《民政部关于大力培育发展社区社会组织的意见》中，民政部对社区基金会的定位有一些建议：一是为城乡社区治理募集资金，二是为社区社会组织提供资助。这表明社区基金会实际发挥的是枢纽型社会组织的作用。

枢纽型社会组织是近年来社会组织发展的一个重要创新方式。枢纽型社会组织的概念最早是在北京市社会工作委员会于 2008 年出台的《关于加快推进社会组织改革与发展的意见》中出现的。2009 年发布的《关于构建市级“枢纽型”社会组织工作体系的暂行办法》指出，枢纽型社会组织是由负责社会建设的有关部门认定，在对同类别、同性质、同领域社会组织的发展、服务、管理工作中，在政治上发挥桥梁纽带作用、在业务上处于龙头地位、在管理上承担业务主管职能的联合性社会组织。2011 年，上海市在《关于进一步加强本市社会组织建设的指导意见》中提出，要“鼓励和支持若干具有枢纽作用的社会组织，搭建社会组织党的建设、业务建设和合作共治的平台，逐步形成社会组织自我管理、自我服务和自律自治的运作机制”。崔玉开研究指出，枢纽型社会组织是“由政府权威部门认定的，在现有的社会组织体系中获得中枢与超然地位，从而代替政府对其他社会组织进行管理与指导、服务的社会组织”（崔玉开，2010）。官方性与权威性、排他性与代表性、整合性与中介性是枢纽型社会组织的基本特征（崔玉开，2010；叶林，2013；刘洋，2016）。

以上海的实践为例，街道层面上的枢纽型社会组织主要包含了“两会一中心”的架构：“两会”即社区基金会、社会组织联合会；“一中心”则是社会组织服务中心。上海实现了街道社会组织服务中心的全覆盖，少部分街道则实现了“两会一中心”的配置。社会组织服务中心的功能定位是整合社会资源，建立健全支持型社会组织体系，对社会组织给予能力建设、资源和智力支持，培育社会组织发展，引导社会组织提供公益服务，促进社会组织在社会治理工作中发挥积极作用。然而在实践的过程中，很多街道的社会组织服务中心在整合社会资源的过程中效果并不明显，主要还是停留在一些常规性的服务上，如为街道的社会组织备案、进行社会组织评估以及能力建设等。社区基金会由于其基金会的社会性，因此被赋予了发挥资源（特别是资金资源）整合作用的功能，社区基金会的定位是促进社区中各类组织、相关主体的联结；并发挥资源整合的作用，从外部链接社会资源，促进资源的最佳匹配，实现资源的最大价值。近年来，上海市社工委又推动一些区和街道成立社会组织联合会。社会组织联合会的定位是联合性的社会团体，是一个倡导在章程的主导下以社会组织服务社会组织的枢纽型组织。社会组织联合会坚持党建引领社建，积极发挥服务凝聚、整合资源、协调关系、反映诉求等功能，把引领、服务、凝聚的思想贯穿在社会组织发展的始终，陪伴社会组织的健康有序发展，使社会组织中的党的建设和业务建设同步加强。

因此，三种枢纽型社会组织既具有高度的重叠性和相似性，又有不同的侧重点。如社会组织服务中心主要提供日常业务性支持服务；社区基金会主要发挥资源整合功能，提供资金的支持；社会组织联合会则主要发挥具有代表性的政治功能，主要反映诉求、凝聚情感。鉴于三种枢纽型社会组织的高度重叠性，很多街道的三个机构通常是“三块牌子、一套班子”，工作人员以相互兼职为主。

以南京市栖霞区姚坊门慈善基金会为例。尧化街道发起成立的南京市姚坊门社会组织管理服务中心的主要任务是培育和督导专业社工机构、公益组织、社区组织、志愿者团队和居民骨干；栖霞区姚坊门慈善基金会则主要通过专业团队规范日常运作，搭建社会化筹资平台，根据需求调研精准策划项目，吸引爱心企业资源，并整合优秀社会组织落地承接实施项目，且基本形成了行之有效的运行机制；它通过社区治理项目化的方式开展资助和评估工作。在这一工作中，街道社会组织管理服务中心与栖霞区姚坊门慈善基金会保持着良好的联动关系（见图 6-2）。

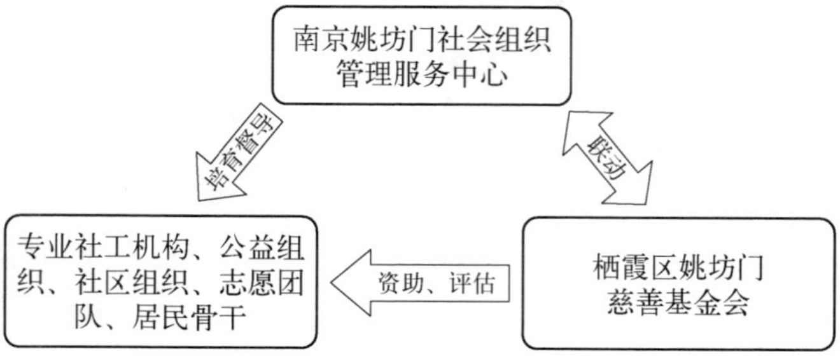

图 6-2 尧化街道枢纽型社会组织关系

6.2　社区基金会外部治理的多元形态

行政驱动逻辑并不意味着社区基金会与政府的关系是单一形态的。大量关于社会组织和政府关系的研究对我们理解社区基金会的外部治理形态有着重要的借鉴意义。例如，康晓光对社团与国家关系的变迁进行了类型学的研究，他认为中国社团的基本状况是半官半民的二元结构，其行为受“行政机制”和“自治机制”的双重支配，社团的发展将以国家主导—互助合作—社团主导的进程发展（康晓光，2008）。刘继同则建构了政府与慈善组织关系的理想类型，即父子、主仆、朋友、合作伙伴关系，父子关系—主仆关系—朋友关系—合作伙伴关系是政府与慈善组织的依附关系逐渐减弱的过程，他认为中国的慈善组织将经历这样一个发展过程（刘继同，2007）。

吉德伦（Benjamin Gidron）、克莱默（Ralph M Kramer）和萨拉蒙（Lester M Salamon）等学者通过服务的资金筹集和授权与服务的实际配送建立矩阵，提出政府与非营利组织关系的四种基本模式：政府支配模式、双重模式、合作模式和非营利部门支配模式（Gidron，Kramer，Salamon，1992），如表 6－1 所示。

表 6－1　政府—非政府组织的关系模型

	政府支配模式	双重模式	合作模式	非营利部门支配模式
财政资助方	政府	政府/非营利部门	政府	非营利部门
服务提供方	政府	政府/非营利部门	非营利部门	非营利部门

在行政驱动模式下，虽然市、区层面积极倡导，并提供有力的政策支持，但是真正为中国本土的社区基金会提供资金、人力和场地支持的却是街道。因此，市、区层面的政策支持和倡导对于社区基金会的成立数量具有重要的影响，而社区基金会多大程度上能够有效运作（即社区基金会的运作质量）则很大程度上取决于街道的支持程度和处理方式。对于街镇而

言，是否成立社区基金会，以及如何对待和运作社区基金会，是受外在压力机制和内在激励机制双重影响的。其中外在压力机制主要是指来自上级相关部门的行政压力和来自其他街道社区基金会发展的竞争压力。而内在激励机制主要是街镇本身的资源禀赋、内在需求以及街镇主管领导的认知程度和创新意识。这些要素的不同组合形态也导致了街道成立和运作社区基金会的不同形态。以上海为例，大体来说，社区基金会在成立和运作方式上主要表现为四种类型（见图6－3）。

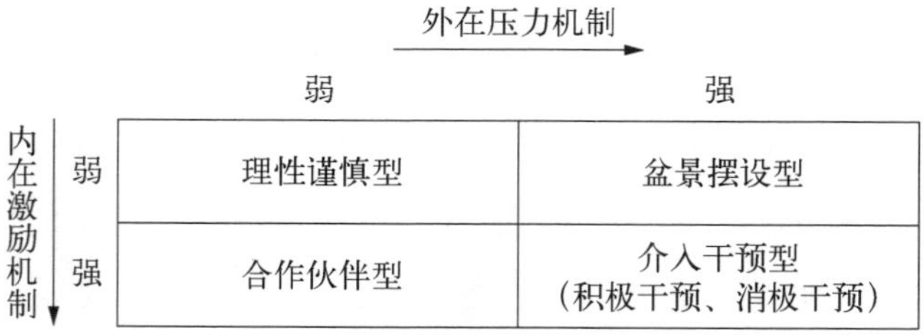

图6－3　社区基金会运作方式的四种类型

一是理性谨慎型。理性谨慎型主要是指街镇尚没有成立社区基金会，表现为街道对于成立社区基金会表示尚未准备好，因此以条件不成熟为由暂缓成立。我们在调研中发现，此类社区基金会的主要特点是来自上级政府相关部门的压力相对较小，此外街镇本身也缺乏培育和发展社区基金会的有利条件，同时由于社区基金会的成效尚没有显现出来，街镇领导对于社区基金会这一新生事物的价值也并不清楚。总之，在内在驱动和外在压力都不足的情况下，街镇自然对社区基金会的成立持旁观态度。以上海为例，上海社区基金会在各区的分布表现为明显的两极分化形态，如在普陀、杨浦和虹口等区实现了全覆盖，而在宝山、嘉定、闵行等区则几乎没有或者只有零星的存在。这种分布状态表明，各区相关部门的压力是社区基金会成立与否的核心影响因素。

例如，在调研中，某街道分管自治工作的副主任就表示，从资金上来看，上海的街道在成立社区基金会方面一般都没有问题，但是为什么要成立这样一个社区基金会？社区基金会成立了之后怎么来运作？对此，大家都不是特别清楚。如果在这种情况下匆忙地成立一个这样的机构，以后很可能形成一个额外的负担，因此就没有跟风成立。

还有几个街道的领导在访谈中表示，他们自己对社区基金会倒是有点兴趣，觉得是一个很重要的创新，但是区民政局并没有特别强调，街道主要领导的意愿也不强，担心成立后会存在很多的风险，因此相对比较谨慎。

上述理性谨慎型的街道态度表明，社区基金会的成立依赖于一系列内部和外部的条件支撑，并不是简单行政命令的结果。对于一个街道或社区而言，是否成立社区基金会应该充分评估自身的条件、资源、可行性和必要性。

二是盆景摆设型。盆景摆设型表现为街道虽然也成立了社区基金会，但是仅仅将其作为市、区委办局交代的工作任务，主要是在资金、人员和场地等方面给予充分的支持，但是在具体运作方面却形同虚设，因此导致了一批“僵尸”基金会的产生。此类街道的主要特点是有较强的外部压力，如基于区民政局的强烈建议而成立，或者由于本区其他街道都成立了而跟风成立。但是街镇领导自身对于成立社区基金会并没有充分的准备和理解，总之，缺乏真正意义上的创新主体，虽然街镇成立了社区基金会，但却是“有形无神”，本身作为创新事物的社区基金会成了一种行政任务，这就导致了社区基金会的“空心化”。在调研中我们也发现，这种完全基于外在压力机制而成立的社区基金会在某种程度上反而会伤害这一新生事物的发展。

盆景摆设型的社区基金会显然是简单的行政命令导致的结果，由于街道内部缺乏准备而匆忙成立社区基金会，特别是街道里缺乏运作社区基金会的专业人才，一些区民政局和街道的领导对社区基金会也缺乏基本的认知，导致其成立后无从运作。在调研中，某区民政局的领导这样说道：“由于《基金会管理条例（修订草案征求意见稿）》马上要提高社区基金会的成立门槛了，大家觉得还是抓住这个契机先成立了再说。说实话，大家当时对社区基金会并不怎么了解，也没有想好成立之后怎么运作，因此有一定的盲目性。”

三是介入干预型。在介入干预型这一模式中，街道不仅成立了社区基金会，而且积极推动社区基金会的运作，但是却将社区基金会作为街道自治办的下属机构来对待，因此具有“形异质同”的特点，不具备社区基金会的实质属性。从驱动逻辑上看，介入干预型社区基金会是在同时具有强大的外在驱动力和内在驱动力的背景下成立的，街道将社区基金会的成立作为一个重要的社会创新工作来积极推动，并且较为迫切地希望在短期内产生成效，因此积极介入社区基金会的内部运作。这种介入干预在短期内会产生双重效应，即表现为积极干预和消极干预两种。积极干预表现为能够借助行政力量整合资源，进而将社区基金会做实，特别是当街道的相关领导自身对运作社区基金会有一定的专业认知和运作经验时，短期内便能对社区基金会的发展产生积极的推动作用。消极干预则是作为推动成立的街道主管部门对社区基金会没有正确的认知就进行了错误的干预，如我们在调研中发现，很多社区基金会成了街道自治办的一个下属机构，其日常工作主要是完成自治办交派的相关工作，其结果是导致社区基金会完全失去自主性。在这种情况下，社区基金会看上去也很活跃，但实际上却仅有社区基金会的“名”，而没有社区基金会的“实”，过度强调社区基金会的组织形式，而忽视了其内在的功能和价值，很容易导致社区基金会的“异化”。田凯曾提出可以用非协调约束和组织运作来解释我国慈善组织的运作机制，他通过观察中国慈善组织的产生和运行发现，这些慈善组织的形式与实际运作明显存在不一致的现象，它们往往只是具有慈善组织的外形，实际上是由政府部门在运作（田凯，2004）。这一研究发现对此类社区基金会的治理也具有一定的解释意义。

政府对社区基金会进行介入干预在这一时期具有一定的合理性和必然性。首先，大部分社区基金会的资金来自政府的公共财政支出，因此政府实际是为社区基金会的运作做背书，这就导致政府对社区基金会的运作特别谨慎，并极力规避可能出现的各种风险，因此在理事会的人选、秘书处的工作人员安排上都有很深的行政烙印。其次，社区基金会本身是一个新生的事物，各方对这一新生事物的运作缺乏经验，社区基金会的从业者中普遍存在人员不足并且缺乏专业能力的情况，因此政府部门也会倾向于介入指导。最后，某些政府部门为了部门利益和工作的方便，倾向于将社区基金会看作政府部门的下属机构，这样可以将社区基金会纳入本部门的很多工作部署中。

四是合作伙伴型。在合作伙伴型这一模式中，街道真正将社区基金会作为一个推动社区公益慈善和治理创新的主体来对待，对社区基金会给予充分的支持，但不介入具体的干预，为社区基金会的发展提供了很大的空间。在这一模式下，社区基金会成为政府推动基层社会治理的重要合作伙伴，在推动社区治理创新中发挥积极的作用。在合作伙伴型这一运作模式中，虽然外在的压力机制会产生一定的影响，但最根本的则是街道的内在驱动力，主要有街道领导本身对社区基金会的认知、社区对社区基金会的内在需求以及当地潜在的资源，而核心则是街道主管领导的认知态度。以上海的社区基金会为例，上海街道层面的较早探索如陆家嘴社区公益基金会和洋泾社区基金会均是街道主动发起的，这一部分是由于当地社区丰富的外在资源为社区基金会的筹款募资提供了良好的物质基础，更重要的则是由于街道主管领导的开明态度。这种开明态度表现为其按照社区基金会的运作规律来恰当地处理政府与社区基金会的关系，即一方面给予其充分的支持，如通过提供有竞争力的待遇引入专业人员来运作、开发一系列的品牌项目，充分发挥社区基金会的功能；另一方面则秉承支持但不介入干预的原则，注重社区基金会的治理结构建设，给予其充分的放权，在决策上充分发挥理事会的作用，为社区基金会的未来可持续发展提供空间，从而使社区基金会与街道保持一种良好的合作关系。

合作伙伴型的关系形态首先依赖于政府主管部门对社区基金会的态度。例如，上海陆家嘴街道和其社区基金会就保持着很好的合作关系，上海市浦东新区陆家嘴街道办事处党工委书记倪倩在谈及社区基金会的培育时说：“坚持把握方向与尊重独立并重，街道对社区基金会的把握引导主要是把握方向和督促履职；充分尊重基金会以独立法人的身份自主运作，支持社会组织的创新发展。与此同时，对社区基金会持开放宽容的态度，在培育陪伴中促进其发展。社区基金会在国内属新兴社会组织，社会对新生事物都有一个观察、理解、接受的过程。社区基金会的发展模式需要一定时间的调适，能力建设需要一定时间的积累，人（理事会、执行团队）的稳定性更需要不断磨合……要获得社区各方的支持、认同，需要自身努力以立身，也需要政府以开放和宽容的胸襟，以足够的耐心培育、陪伴其成长，不能求全求快，急于求成。我们陆家嘴街道对社区基金会初步设定3~5年的扶持，视运营情况，逐步减少政府财政资金支持，直到最终实现基金会的独立运营。”正是政府领导这种开明的态度为社区基金会的自主性和社会化运营提供了空间。合作伙伴型关系的建构也有赖于社区基金会自身主体性意识的觉醒以及专业能力的提升。事实上，很多地方政府都希望社区基金会能够自主运作，且也给予了其充分的授权，不过由于社区基金会自身缺乏社会化运作的能力而没有形成平等的合作关系。因此，对于社区基金会而言，不断提升自己的专业能力和社区影响力是获得政府信任的根本。

总之，在行政驱动逻辑下，由于不同层级政府的利益、理解、资源和互动方式等的差异，导致了社区基金会的成立呈现不同的形态，这些不同形态既是理解政府行为的一个重要切入口，也是理解社区基金会本土化逻辑的重要窗口，即大部分社区基金会的发展和运作都必须放置在与政府的关系中才能获得理解，而如何建立两者之间的恰当关系一直是个难题。以上海社区基金会为例，可以发现很多社区基金会都陷入了某种困境，如只成立但不运作，或行政化驱动和行政化运作，这种不恰当的关系在某种程度上反而会伤害社区基金会这一新生事物的发展。这就要求政府特别是街道应该逐步重构与社区基金会的关系，特别是应从盆景摆设型、介入干预型逐步转变为合作伙伴型，对社区基金会给予充分支持但不直接介入，给予其充分的发展空间和足够的自主性，从而为社区基金会未来的可持续发展提供制度和组织保障。

6.3 制度主义视角下的社区基金会内部治理

社区基金会治理是指提供策略性领导的过程，包含设定基金会发展与运作的方向、制定决策与策略、监督与审视基金会的绩效表现以及确保基金会责任的履行。社区基金会治理结构是实现其预期功能的必要的组织结构和制度配置，沃德（Mirian M Wood）将非营利组织治理结构定义为“一种权力分配和建立高级管理层、理事会与利益相关者之间的问责机制”（刘春湘，2007）。治理结构完善与否关系到基金会发展中各相关方捐赠人、社区民众等的利益实现程度，也关系到组织能否更为有效地整合资源、筹集资金。健康的治理结构有助于为社区基金会提供策略性领导（包括设定基金会发展与运作的方向、做出正确的策略决定），监督与审视基金会的绩效表现，以及确保社区基金会的任务完成。

新制度主义认为，组织的内部权力结构对组织领导者制定和执行组织目标有着深刻的影响，只有当组织目标被认为符合组织中有权力者的利益取向时，组织的目标才有可能被通过并执行（沃特尔·W. 鲍威尔等，2008）。就社区基金会而言，组织内部的权力结构中最为核心的是决策层和执行层的权力划分以及有效的法人治理机制的建立，其主要关注的问题包括以下几个方面：理事会的组成、功能和运作；理事会与秘书处的互动关系；社区基金会的运营模式；上述组织和制度安排是如何影响社区基金会的愿景、使命和定位的；如何提升社区基金会的公信力；等等。

社区基金会一般采用“理事会—监事会”的二元结构治理模式，主要内容包括理事会的构成及其权利和义务、理事会会议及议事规则，监事及监事会，秘书处和秘书长，理事会与秘书处的权责关系等。原则上，一个理想的社区基金会需要建立下述职能部门（见图 6－4）。

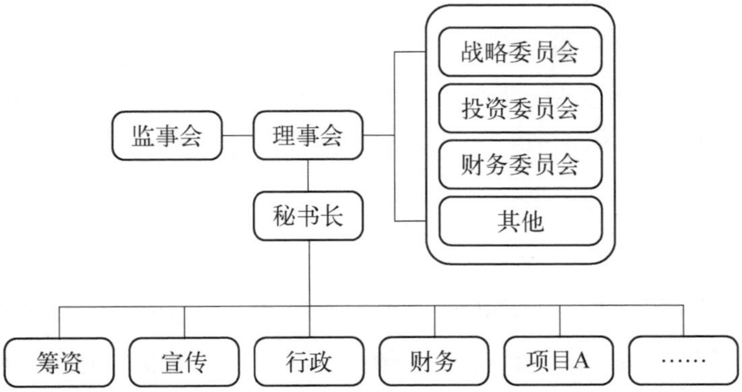

图 6－4　社区基金会治理结构

慈善组织的决策和治理要依靠一定的组织结构和制度。在大多数慈善组织中，治理结构采取理事会制度。理事会制度类似于企业的董事会制度，主要是为解决代理问题而设立的内在组织原则和制度。社区基金会也存在代理问题，即所有权和经营权的分离，因此理事会制度是社区基金会的核心治理制度。理事会是社区基金会的决策机构，其主要的职能包括以下几点。① 确定该组织的宗旨、目标和使命以及实现上述愿景目标的组织策略。为了检查上述宗旨和目标是否得以有效贯彻实现，理事会还应该经常检查各项工作是否与社区基金会的宗旨一致。② 决定社区基金会的发展计划。理事会应该参与组织长期工作计划和年度工作计划的制订，并监督计划的执行。③ 理事会能确定基金会的目标，能对章程进行修改，对理事长、副理事长、秘书长的任命或罢免有决策权，对基金会接受财务审计、提高透明度和公信度有督促和监督权。④ 理事会在对社区基金会的筹资、技术支持、咨询建议、资源链接、社会倡导等方面有提供支持的责任。

开放性、参与性和代表性是社区基金会理事会人员组成的基本要求。根据《基金会管理条例》规定，理事会设理事长、副理事长和秘书长，并分别由理事选举产生。现职国家工作人员和社区工作站工作人员不得兼任社区基金会理事长、副理事长、秘书长。理事会成员构成通常包括受益人代表、出资人、相关工作领域内的专家、执行团队代表（通常为执行主任或秘书长）等，拥有广泛代表性的理事会能大力提升基金会的公信力和治理能力，同时理事会成员应该具备充分的时间、能够带来经济与社会方面的资源、对社区公益感兴趣、了解社区情况等条件。对于初创期的社区基金会来说，由于社会认知度低、资源整合能力弱、专业性不强，因此，推选基金会理事会成员的时候应注意寻找对公益有一定理解、在当地有一定威信，并有意愿链接资源支持基金会的人。

社区基金会理事会的人员数量没有明确的规定，主要考虑的是理事会成员讨论交流以及投票表决的方便程度。加雷思·琼斯（Gareth R Jones）、珍妮弗·乔治（Jennifer M George）认为：从群体动力学来看，当群体规模在 10 人及以上时，可称为大规模群体，群体成员之间的信息沟通和交流较为困难（赵海林，2013）。如果社区基金会理事会的规模庞大，理事之间沟通比较困难，往往会导致难以形成有效决策的结果，进而会降低理事会决策的效率。由于理事会难以形成有效决策，也就使理事会成为一种摆设。由于社区基金会的规模普遍比较小，因此 9～13 人的理事会规模是相对合适的选择。调研发现，上海社区基金理事会的成员构成一定程度上呈现多元化状态，如企事业单位负责人、专家、社区干部等，但是，普遍来讲，上海社区基金会理事会成员的资源链接能力比较弱，理事会成员并非持真正的公益慈善目的进入基金会，街道领导基于信任推荐理事会成员的做法在很大程度上抑制了理事会成员的主动性和积极性。

秘书处是社区基金会的执行机构，主要执行理事会的决策和开展日常业务，并向理事会报告工作。专业性和执行力是对社区基金会秘书处的基本要求。社区基金会专业人才稀缺是现阶段社区基金会发展中遇到的重要难题之一。社区基金会的秘书长这一职位对任职人员的要求较高。一方面，秘书长需要具备扎实的专业知识与丰富的实践经验和能力，如资源动员、链接与整合、组织、沟通和协调等多方面的能力；另一方面，秘书长还需要熟知社区的情况，充分了解社区各捐赠主体的需求。因此，这是一个门槛较高的职业。一般来说，社区基金会的从业者应是在慈善领域有经验、具有社会创新意识、年轻有活力并以推动社会公益发展为事业的人。

由于中国的社区基金会刚起步，缺乏这一领域的专业人才，大部分社区基金会的秘书长和工作团队还未社会化，行政化色彩浓厚，因此多由社区工作者兼任，他们的人事关系属于街道，工资也由街道来发放。他们的优势是熟悉社区，但是缺少公益慈善的理念，相对缺乏公益项目的开发、运作能力。我们基于上海的调查发现，有超过 80%的秘书长在此之前是不了解社区基金会的，并且有超过 60%的秘书长表示自己没有想过或并没有打算将社区基金会作为自己的长期事业来发展。导致社区工作从业者专业化和社会化不足的原因主要有三点。一是目前的社会工作教育与社会需求相脱节，致使专业人才稀缺。二是根据《基金会管理条例》，非公募基金会的管理费用不能高于年度支出费用的 10%，这就使得大部分社区基金会的工作人员难以从基金会中获取工资，在行政化驱动模式下，他们的工资一般由政府部门来发放，导致其社会化不足。而这种社会化不足又造成社区基金会的秘书长无法得到充分的授权，调研中我们就发现很多社区基金会的秘书长的工作都是由街道相关领导来布置和安排的。三是社区基金会行业的普遍薪资水平不高，无法吸引公益慈善行业的优秀人才。基于此，对社区基金会从业者进行能力建设是当前这一行业发展的重要工作目标。

社区基金会设监事或监事会，监事依照章程规定的程序检查基金会的财务和会计资料，列席理事会会议，监督理事会遵守法律和章程的情况。监事会独立于理事会和秘书处，主要负责监督财务状况和项目执行情况，理事、理事近亲属、基金会财会人员不得兼任监事，监事任期 5 年，可连选连任，不得从社区基金会获取报酬。监事一职在实际工作中发挥的作用不大，此处不做过多赘述。

6.4 社区基金会内部治理的多元形态

中国社区基金会本土化的进程中形成了社会主导、企业主导和政府主导等不同的类型，因此社区基金会所处的社会环境也有很大的差异。斯廷克库姆（Stinchcombe）是第一个认识到组织创立时存在的各种社会条件（包括制度条件）会对组织结构形式产生强烈影响的学者。他提出的“铭记”（Imprinting）概念被一些学者应用于单个组织层次的研究，他认为，铭记非常重要，因为这种影响往往会被制度化并持续很长时间（赵海林，2013）。初创时的社会条件差异产生了不同类型的理事会结构。

6.4.1 社会主导的社区基金会案例

社会主导的社区基金会是由社会力量自发成立的，其治理结构的主要特点是理事会相对独立、理事们的参与意识强和对社区基金会的认同度高、基金会管理的民主化程度高。不过由于缺乏政府部门的支持，需要争取发展的合法性，且无法获得稳定的资金支持，故而这类社会主导的社区基金会整合资源的能力相对较弱。

社会主导的社区基金会最典型的代表是深圳蛇口社区基金会。蛇口位于深圳市南山区，占地面积 10.85 平方千米，是招商局全资开发的中国第一个外向型经济开发区。蛇口在中国的改革开放事业中具有重要的地位，是中国改革开放的“试管”。这里最早更新价值观念、时间观念、人才观念，最早成功地建立全新的劳动用工制、干部聘用制、薪酬分配制、住房制度、社会保险制、工程招标制及企业股份制，开创了中国人事制度改革的先河。正如蛇口的开拓者袁庚先生总结的，“蛇口的发展是从人的观念转变和社会改革开始的”，蛇口精神的基因就来自思想的解放和观念的更新。近年来，蛇口更是不断探索社会建设的改革之路，推出了社会组织改革、土地制度改革、医疗卫生体制改革、公务员分类管理改革等重大改革举措，推动了从经济特区到社会特区的深刻转型。蛇口社区基金会正是在这一社会土壤中生长起来的。与其他社区基金会不同，蛇口基金会的社会性体现在它的多元文化上，它是各种社区内社群组织的载体，代表社区内各种不同的利益群体，允许各种不同的意见、观点同时存在。在这些观念的交锋中，蛇口社区基金会逐步形成了一套制度和规则，因此，民主治理是蛇口社区基金会最主要的特点。蛇口社区基金会的治理结构如图 6－5 所示。

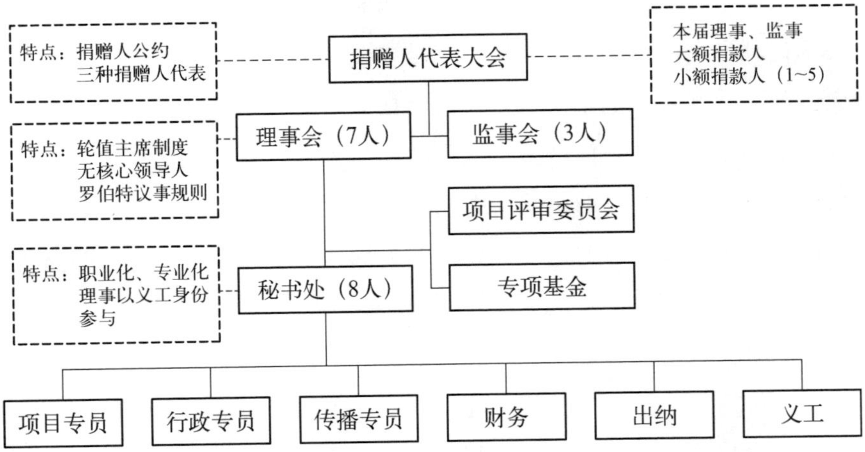

图 6－5　蛇口社区基金会治理结构

与其他社区基金会的治理结构最大的不同是，捐赠人代表大会是蛇口社区基金会的最高权力机构。2016 年 12 月，蛇口社区基金会正式召开第一次捐赠人代表大会，选举产生基金会第二届理事会，彼时，捐赠人数达到610人，资金余额177万元。2017年年底，捐款人数量超过900人。捐赠人代表大会的代表包括三类：一是现任的理事和监事，可直接成为捐赠人代表；二是捐款额超过1万元的大额捐款人，如本人自愿表示想参加基金会工作，可直接成为捐赠人代表；三是小额（最小金额到一百元，最大金额是低于一万元）捐赠人，小额捐赠人代表首先要自荐，然后需要有五个小额捐赠人的委托才能成为代表，因此，一个小额捐赠人代表背后代表着六个人。据蛇口社区基金会理事周为民先生介绍，在2018年12月的捐赠人代表大会中，监事理事代表有10人，大额捐赠人代表有13人，小额捐赠人代表有58个人，共计81人组成了捐赠人代表大会。捐赠人代表大会主要行使两种权利：第一，通过和修改捐赠人公约（捐赠人公约就是社区基金会的内部运行规则，捐赠人公约经过理事会三读程序后，再提交捐赠人代表大会表决通过后生效）；第二，民主选举产生基金会的理事会和监事会。

理事会由捐赠人代表大会选举产生。理事会任期四年，实行轮值主席制度，即每个理事轮流当轮值主席。基金会没有核心领导人，轮值主席主持理事会的工作，理事长是一个虚化的职务。理事有三种主要的职能。一是要承担理事会的议事决策工作。二是要在日常活动中当义工，这是社区基金会和其他基金会的不同之处。因为社区基金会是本地的，它要参与到社区的活动中去，而社区基金会理事在相当程度上就是社区里的一些民间领袖，所以必须以义工的身份参与社区活动。三是承担捐款募集的责任。对于理事会理事和监事的选举，没有上级机构指定候选人，全部候选人由自我推荐、竞选产生。因为是自荐竞选，每个理事都要对捐赠人代表负责，自觉自愿地为社区公益服务。另外，基金会第二届理事会成员与第一届相比，包括理事长在内，新当选的理事占57.1%，选举产生的理事会成员对基金会的事务参与有很强的积极性和主动性。

蛇口社区基金会的民主化治理不仅体现在组织结构上，而且体现在对民主决策方法的运用上。例如，蛇口社区基金会对理事和监事的选举有严格的程序，捐赠人代表首先在微信群中介绍自己的竞选宣传活动，然后在召开代表大会时由每个代表进行三分钟的现场演说，最后进行投票。投票方式也借鉴了股份制公司的累积投票法。累积投票法的规则是，如果有十个候选人，则可以把十票都投给一个人，只要集中 10%的股权，就一定可以争取到一个董事的名额。采用上述投票方法的目的是保证小团体的代表可以当选理事。民主决策方法的应用还体现在对罗伯特议事规则的运用上。据周为民先生介绍，理事会至今已经商议过上百个议案，没有一个议案是没有争议的，但是也没有一个议案是议而不决的，靠的就是罗伯特议事规则。

蛇口社区基金会的理事、监事成员全部不授薪，只对秘书处专职工作人员授薪。秘书处下设专职工作人员，有义工队伍和各种工作小组——财务小组、募集小组、项目活动小组、社团社区小组。

蛇口社区基金会的民主化治理还体现在基金会的制度建设方面。自成立以来，蛇口社区基金会不断制定和完善财务约束制度、项目评审资助办法以及信息公开制度。

蛇口社区基金会的财务制度有两条硬性规定。一是量入为出，指当年的项目要靠当年募集的资金来支持，换言之，一个项目要想办法获得自己的活动资金，如果不够，这项活动就不能做。这就保证了基金会的资本金逐年增加。二是资本金只能做理财，不能用于项目。每年募集结余的资金全部用于补充资本金，这样能够保证资本金理财的收入也逐年增加。财务约束制度是保证基金会长期可持续发展的主要措施。

基金会的项目大致分为三类：一是基金会的自办项目，这一类项目由理事会来审批；二是在社区内公开征集的项目，4 月 22 日是蛇口创始人袁庚先生的生日，故而蛇口社区基金会将其定为“蛇口公益日”，当天，蛇口社区基金会会组织一次社区公益项目的征集活动，由项目评审委员会和居民代表共同评定哪些项目可以进入资助项目；三是与政府、企业合作的项目，这类项目是由秘书处自行决定的。

信息公开是社区基金会的基本要求，蛇口社区基金会更是制定了严格的信息公开制度，规定每年编写年报向捐赠人公开，年报需公开当年经审计的财务报表、全部捐赠人的名单、捐赠收入的情况和项目资金使用的情况、基金会的工作总结和下年度的工作计划；蛇口社区基金会还设立了基金会理事会的列席制度，每次理事会捐赠人都可以申请旁听；同时蛇口社区基金会秘书处利用基金会的公众号，每月发布工作情况报告，捐赠人可以随时审查基金会的财务状况。上述制度规定充分保障了捐赠人的权利。

6.4.2 企业主导的社区基金会案例

企业主导的社区基金会主要由企业发起成立，中国目前社区基金会的发起企业主要是开发商。企业发起的社区基金会治理结构的主要特点是理事会成员为企业派驻，一定程度上依附于企业，需要完成企业的相关目标。社区基金会的资源主要来源于企业，资源的获取能力相对较强。基金会治理的民主化程度较高，自主性强，不过也面临企业目标转型导致的治理结构不稳定的现象。

成都麓湖社区基金会是一家典型的企业发起的社区基金会。麓湖社区基金会在参事议事、决策、咨询、执行和监督五个方面分别设置了理事会、参事会、监事会、专业委员会及秘书处这五个机构，具体的治理结构如图 6－6 所示。理事会是社区基金会的决策机构，也是社区基金会维持透明化运作和独立治理的重要保障。理事会一共设有 13 席，包含 3 席居民、3 席社群、2 席商业、3 席专家、2 席发起人这 5 个类别。居民理事通过麓湖议事会选举产生，社群理事通过麓客社群选举产生，商业理事通过商会选举产生，专家理事和发起人理事由基金会发起人邀请担任。理事任期为三年，任期届满，可连选连任。监事会是社区基金会的监督机构，监事会对基金会的财务公开度和合规性进行监督。监事会设有 4 席，政府代表 2 席，居民（法律专业）和发起人（财务专业）各 1 席，任期与理事相同。秘书处是社区基金会的执行机构，负责落实理事会的决议。

与其他社区基金会治理结构相比，麓湖社区基金会的最大特点是设立了麓湖社区议事会和组团议事会。一方面，麓湖社区议事会代表从麓湖的业主中产生，代表的是业主的利益；另一方面，麓湖社区基金会理事会的部分成员从麓湖社区议事会中产生，再参与到社区基金会的决策和运作中，因此是联系社区与社区基金会的重要桥梁。另外，麓湖社区议事会也是社区基层民主的重要探索，是社区基金会民主化治理的重要体现。

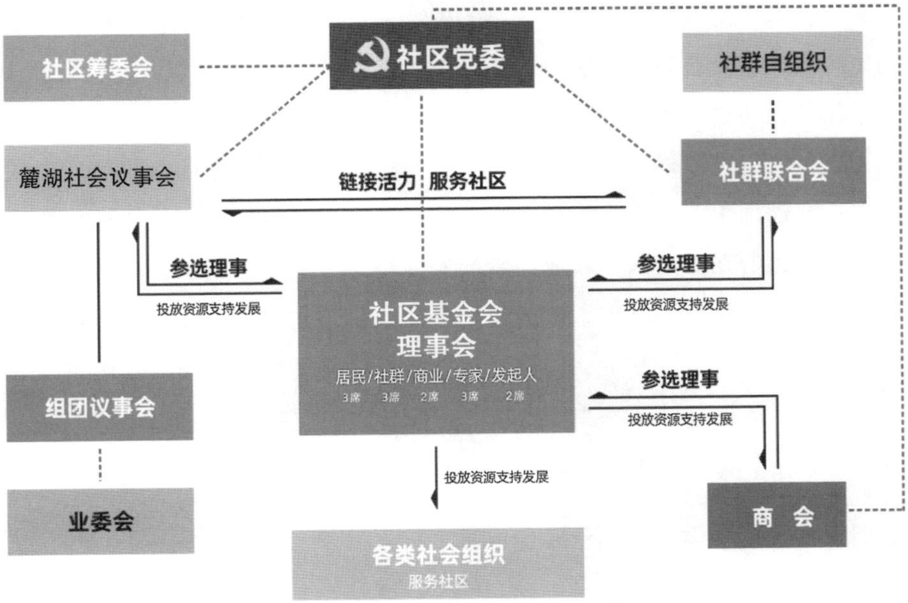

图6－6　成都麓湖社区基金会治理结构

麓湖社区议事会是一个以居民为主体的自治平台，主要讨论、协商社区的公共事务。议事会分为组团内议事会和社区议事会。其中，组团内议事会主要讨论如何推动解决单个组团的共性问题和公共需求（如在架空层建立居民共享空间、推动施工方加强噪声管理等）。社区议事会主要讨论解决麓湖跨组团与公区层面的问题和需求（如建立社区急救体系、推动社区公共汽车路线完善、帮助新邻居更快融入社区生活等）。

麓湖议事会成员由各组团居民自愿报名及组团其他居民投票选出。议事员作为社区公共纽带的志愿者，志愿投入时间、精力参与公共服务。议事员可以帮助梳理组团的共性问题、公共问题，发现社区居民的公共需求，提出解决方案并上交议事会进行议事讨论，从而找到解决问题和满足需求的路径。政府、开发商、物业是议事会的支持者。当遇到公共问题和共性问题需要解决时，可以由组团议事会或社区议事会发起议案召集会议，相关利益方一起协商沟通，加快共识达成，推进问题解决。

根据麓湖社区议事会的要求，议事会代表由业主选举产生，候选人代表需满足的主要条件包括：须为麓湖生态城的居民，包括业主、业主近亲属和自住型租房者；是业主或业主的近亲属的，在选举公告日之前须签署购房合同；是自住型租房者的，以租房合同为依据，须住满12个月，且承诺租约期超过议事员任期；须具有完全民事行为能力；居民在麓湖生态城哪个组团符合上述候选人资格，就只能在此组团所在选区内报名成为候选人；在麓湖生态城多个组团符合上述候选人资格的居民，只能选择在其中一个组团所在的选区报名成为候选人。

麓湖社区议事会实现了社区基金会理事会充分的代表性，并且将社区的公共议题纳入社区基金会的发展规划和支持项目中。此外，社区议事会还代表社区居民与社区党委、企业、各类社会组织实现了联动。在协商议事的过程中，社区居民逐渐形成了公共意识和民主意识。

6.4.3 政府主导的社区基金会案例

政府主导的社区基金会是目前最为主要的社区基金会形态。与其他社区基金会相比，行政化是其最为主要的特点。这一行政驱动的方式对于推动社区基金会的行业发展具有重要的意义，特别是极大缩短了与国外社区基金会发展的差距，短期内构建了社区基金会的行业生态。与其他类型的社区基金会相比，政府主导的社区基金会的治理结构的主要特点是，理事会成员通常由政府相关部门推荐产生，这种推荐方式主要考虑理事会成员在街区中的公信力和资源能力，以及政府对其的信任程度，因此，理事会的自主性和创新性相对较弱。政府主导的社区基金会在区域化党建的引领下，具有更强的辖区单位整合能力，由于有政府的支撑，社区基金会更容易深入社区，得到居民的认可和信任。

上海浦东洋泾社区基金会是第一家政府发起的公募基金会，基金会采用理事会、监事会、专业委员会、秘书处的治理结构（见图6-7）。

理事会主要负责机构决策与治理。作为决策层的理事会由9名理事组成，理事每届任期为3年，任期届满，可连选连任。理事需要关注社区公益，高度认同社区基金会的公益理念，愿意通过提供资金、时间、技术、服务和影响力等方式支持社区基金会的成立与发展。9位理事成员社会背景多元化，除了秘书长外，有律师、教育工作者，也有来自街道、社工协

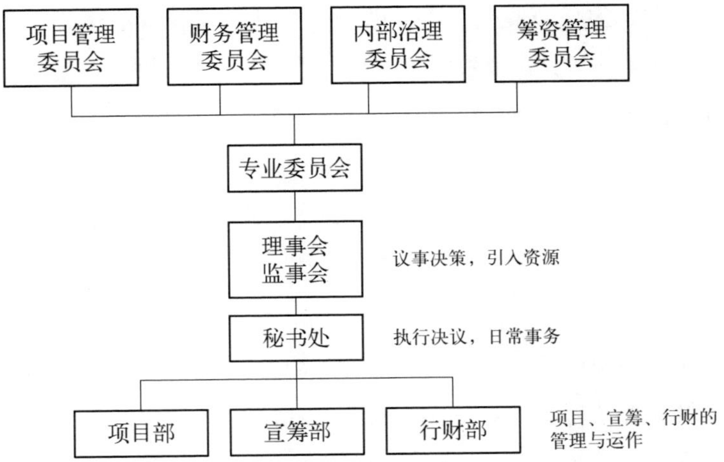

图 6－7　洋泾社区基金会治理结构

会、慈善基金会和国有企业的人员。街道作为最大的出资方，其人员在理事会中仅占一席，避免了行政力量对基金会发展的干预。理事会其他成员也分别来自其他相关行业，有利于保证理事会的独立性和专业性。

与理事会平行的是监事会，监事由街道和捐赠人协商选派，监事变更须依照其产生程序进行。监事的权利和义务包括依照章程规定的程序检查基金会的财务和会计资料，监督理事会遵守法律和章程等。监事列席理事会会议，有权向理事会提出质询和建议，并有权向登记管理机关、业务主管单位以及税务、会计主管部门反映情况等。监事中有来自审计事务所的专业会计，以更好地保证基金会财务的透明公开。

基金会、理事会下辖一个秘书处。秘书处是基金会日常运作的核心部门，下设项目部、宣筹部、行财部。秘书处工作人员在秘书长的带领下，主要完成基金会日常工作事务，执行理事会通过的决议，负责资金筹集、管理和使用，组织实施基金会的年度公益项目计划。

洋泾社区基金会治理结构的一个重要创新是在设立了项目管理委员会、财务管理委员会、内部治理委员会和筹资管理委员会的基础上设立了专业委员会。专业委员会的成员主要由来自高校、基金会等领域的研究专家和实务专家组成，负责对相关机构治理、资金监管、项目管理、资源发展等提供指导意见。专业委员会的组织架构一方面有助于提升社区基金会运作的专业性，为秘书处的工作提供更多的外部支撑；另一方面，专业委员会的成员大多是来自各个领域的专家和精英，一定程度上也是对理事会的补充，可以帮助社区基金会衔接更多的外部资源，并保持其更大的灵活性。

6.5 社区基金会治理结构的困境及其破解

上文介绍了国内不同类型的社区基金会的治理结构。由于社区基金会的成立背景、推动力量和规模大小不同，社区基金会的治理结构也不尽相同。前面介绍的几个社区基金会均是国内发展相对成熟、运作较为规范的社区基金会，因此它们的治理结构也相对完善：一是在外部治理方面与政府保持良好的合作关系；二是在内部治理方面形成了较为健康的组织架构，并且在实际运作中发挥了积极的作用。不过，由于社区基金会本土化的历史还非常短，特别是中国本土多是基于行政力量驱动的发展模式，因此我国的社区基金会仍然存在较多的问题：在宏观制度层面上，相关法律体系不健全，准入门槛较高，存在多头管理的现象；在社会环境层面上，大众对社区基金会的总体认识不足，公益慈善文化还处于起步阶段；在社区基金会的治理层面上，自我发展能力严重不足，内部管理运作效率低下，专业化服务能力不强，社会公信力亟待提高；等等。

1. 在街区治理体系中的定位不清晰

从社区基金会的组织属性看，由于其兼具社区性和慈善性的特点，因此社区基金会应该在整个街区的治理体系中发挥着枢纽型组织的作用。然而，我们的调研结果显示，很多的社区基金会在基层社会治理体系中的地位并不高，只被当作一个一般的社区社会组织来对待。一些街道将社区基金会视作某个管理部门的下属机构，主要完成部门的常规工作。如上海的一些社区基金会的管理部门是自治办，而自治办的一个重要的常规工作是自治金项目的管理，这项工作在社区基金会成立前主要是由自治办自己负责的，现在则由社区基金会来运作，然而本质上并无任何区别，这就导致社区基金会并没有发挥自己应有的功能，从某种意义上讲，这人为地降低了社区基金会的价值。实际上，社区基金会的最大功能是资源整合，特别是挖掘其他社会资源，但这种资源整合功能并不是自动产生的。在中国的社会治理体系和治理结构中，这种资源整合功能依托于其在整个治理体系中的地位，特别是要嵌入区域化党建的统合体系中，这就需要街道的主要领导高度认识和支持这一新生事物。如上海的陆家嘴社区公益基金会和洋泾社区基金会在培育和运作的过程中就得到了街道党工委书记的大力支持，因此这两个社区基金会的治理和运作也更加健康。而很多社区基金会甚至在和街道的其他条线部门联动协调时都会遇到很多困难，更不用说去整合辖区内的其他社会资源了。

2. 社区基金会理事会的虚化

理事会是社区基金会的最高权力机构，具有绝对的决策权。理事会决定了社区基金会的发展方向、发展定位以及资源筹集能力，对组织、政府和社会承担着法律和道德上的具体责任。理论上，理事会有责任决定组织的使命，保证社区基金会的项目合理有效地完成这个使命，保证组织履行其法律和道德责任，对自身的一切行为负责并保持透明度。理事会的成员应该高度认可社区基金会的价值理念，并且能够积极投入社区基金会的发展中。如蛇口社区基金会和麓湖社区基金会的理事会都具有广泛的社区代表性和高度的自我认同，这使得这两个社区基金会具备良好的自我运作能力。

不过，大量的社区基金会的理事会仍然存在很多问题，造成这一情况的原因主要有以下三点。一是理事会的成员是由上级指定和推荐的，是一种行政组织行为，理事会成员自身缺乏从事社区基金会工作的内在兴趣和驱动力。如调查发现，上海社区基金会理事会成员由“街道推荐”产生的为 65. 22%，基金会“选举产生”的为 30. 43%，“不清楚”理事会成员产生方式的为 4. 35%。我们在访谈中也发现，相当多的社区基金会理事仅仅将这一身份作为街道给予的一种荣誉，对其缺乏内在的认同。二是理事会成员结构的单一化。由于社区基金会的社区性和慈善性，理想意义上的社区基金会理事会代表应该既包括社区利益相关者和熟悉社区工作的人员，又包括对基金会行业较为熟悉的以及能给社区基金会带来资源的人员。不过从实际情况来看，很多社区基金会的理事会成员要么主要是社区的人员，要么主要是企业的人员，基金会内部在推选理事会成员时并没有充分考虑到其功能的互补性，理事的专业能力、志愿精神以及职业的多样性都存在不足。三是因理事的业余化而导致的理事能力不足，社区基金会理事在筹集、链接资源和开展社区议题倡导等方面并没有发挥应有的作用。

3. 外部治理代替内部治理

在现有的制度结构中，来自政府及机构的认可、证明、鉴定、资格认证或委托常常是组织获得合法性的重要标志（赵海林，2013）。本土化的社区基金会主要由行政驱动，其发展也受现有制度安排的制约，政府及机构的认可和支持是其生存和发展的基础性条件。因此，如何处理好政府与社区基金会的关系一直是一个难题。理想意义上，政府和社区基金会是一个合作伙伴关系，政府对社区基金会的运作有指导和监管作用，既发挥其在社会治理中的协同作用，又不能偏离社会治理的方向。中国本土的社区基金会虽然主要是行政化驱动的，但必须走向社会化和专业化运作。然而在实践中却经常出现很多与之背离的情况，如行政力量对社区基金会的运作介入太深，导致外部治理代替内部治理，表现为社区基金会内部决策的外化控制，即机构的决策权力被纳入政府的运作体系，社区基金会失去了对组织内部事务的决策权。据调查发现，“社区基金会的各项工作大部分都会向街道分管领导汇报”的为73.91%，“少部分汇报”的为21.74%，“不用汇报”的为4.35%；社区基金会的重大决策主要是“由街道领导做出”的为19.57%，“由理事会做出”的为69.57%，“说不清社区基金会重大决策是谁做出”的为10.86%。由此可见，社区基金会的理事会已经获得了一定的权限，但是仍有社区基金会的重大决策由街道领导说了算。街道领导的意志影响了社区基金会的运作，导致社区基金会的独立性严重不足。在访谈中我们也发现，很多社区基金会秘书长的各项工作都是由街道布置安排的，因此其自主行动的空间非常小。

4. 社区基金会专业运作能力不足

社区基金会作为一种社会治理和公益慈善的创新形式，主要从事社区公益慈善筹款、社区公共资产管理和社区营造等工作，因此，社区基金会对专业运作能力的要求非常高，这就要求其能够吸引一些专业人才来运作。然而相关的治理法规、制度和社区基金会小而微的特点又决定了这一行业吸引优秀人才存在实际困境。根据规定，社区基金会的管理费不能超过当年公益支出的 10%，因此，社区基金会从业者的待遇不能从社区基金会的财务中支出，而主要由政府支付或理事单位承担。政府支付则使社区基金会受到行政体制的影响，故而其实际操作的空间非常小。这也是当前各地社区基金会的从业者主要由社区工作者担任的主要原因，因此，社区基金会从业者的能力提升主要通过政府组织的能力建设来实现。

总之，社区基金会在治理结构上存在上述问题是社区基金会起步阶段的正常现象，是每一个新生行业都会面临的问题，上述问题的产生既与社区基金会行业的驱动逻辑有关，也与政府和社会的认知有关，因此需要各方共同努力。社区基金会的健康发展是一个系统工程，需要内外全面发力，为此，笔者提出以下 4 点建议。

1. 形成对社区基金会的正确认识和定位

社区基金会作为一个新生事物，民政部门在积极推进，但是街镇、社区特别是居民对此还没有形成一个正确的认识。对于很多街道而言，成立社区基金会只是一个条线部门布置的任务，自身并没有做好充分的准备。由于社区基金会尚没有深入社区，因此居民们对其也并不了解，这就阻碍了社区基金会的健康发展。因此，我们认为，对社区基金会的正确认识是未来社区基金会可持续发展的重要前提。必须使社会各界充分认识到，由于社区基金会本身兼具社区性和基金会的双重属性，因此它是破解当前社区治理难题和促进公益慈善事业发展的重要创新形式，而不是一种单向度的政府行政行为。

首先，需要党委政府层面的支持。政府支持社会组织健康发展的方式必须建立在对社会组织的科学认识基础之上，把社会组织发展纳入城市经济和社会发展总体规划以及社区建设发展规划之中。特别是要将社区基金会的发展与推动政府部门职能转移、慈善组织改革等联系起来。一是将相关的管理职能转移给社区基金会，鼓励社区基金会参与到社区发展项目的购买中来，通过购买服务、实施政府委托项目等方式，建立政府对社区基金会的资助机制。二是完善社区规划，政府通过制定政策鼓励和引导商业企业承担社会责任，以捐赠资金创办社区型基金会等方式提供社区公益服务，参与社区建设。

其次，需要在社区内形成“我们感”。社区基金会是提供社区公共产品的重要载体，因此“公共性”是社区基金会的重要属性。由于当前社区居民对社区基金会的认识普遍不足，因此无法充分地参与进来。为此，社区基金会必须形成一个基本的意识，即其无论是由政府出资成立的，还是由社会资本出资成立的，它都应该属于社区居民，而社区基金会是提供和生产公益资产的平台，因此社区基金会是社区居民的基金会，是大家共同的基金会，而不仅仅是秘书处、理事会等少部分人的基金会。这就要求：一方面，要充分利用各种宣传渠道进行广泛的宣传、案例展示，营造对社区基金会发展的正面的舆论和社会氛围；二是社区基金会必须下沉到社区中去，形成社区基金会与社区辖区单位、居民的直接对接，通过与居民的广泛接触形塑他们对社区基金会的认识和了解。

当前，对社区基金会运作过程中存在的一些问题，社会各界也应有一个更加宽容的心态。须知，社区基金会是一个新生的行业，在短期内各种条件还不充分的情况下，社区基金会的发展还面临着诸多困难，这是一个新生事物发展过程中必然面对的难题。对此，我们应给予充分的理解和支持，不能因为过程中存在问题和不足就轻易地否定这一新生事物。

2. 完善社区基金会的治理结构

治理结构不完善是当前社区基金会运作存在的普遍问题，这种治理结构不完善主要的表现包括：与政府的角色不清、政府过度干预；社区基金会的理事会虚化，理事们没有发挥应有的作用；秘书处的权力太小、能力不足等一系列问题。因此，社区基金会未来要实现健康发展首先需要的是完善社区基金会的治理结构。

首先，理顺政府与社区基金会的关系。虽然街道是大部分社区基金会的出资方，但是社区基金会并不是街道的派出机构和所属部门，街道的相关部门如自治办、服务办并不是社区基金会的业务主管部门，因此在具体的运作层面，政府必须给予社区基金会充分的放权，在其衔接各类资源方面给予其充分的支持。社区基金会只要在运作规范、所资助项目有利于社区发展的前提下，政府都应该给予其最大限度的支持。

其次，做实社区基金会理事会。理事会是基金会的决策机构，应当依照基金会的章程独立行使职权。一是理事会的产生应广泛动员、民主选举，充分吸引有社会声望、有链接资源能力且有志于公益慈善事业的人士来参与，而不能仅仅通过政府部门指派或建议的方式来确定。二是明确理事会的权利和职责，特别是动员社区基金会理事会成员主动为社区基金会链接资源，或者协助宣传介绍社区基金会。三是要规范理事会会议制度，每年必须保证若干场理事会会议的召开，特别是在项目的提出、筛选过程中，可以吸收居民议事会的意见甚至是地方政府的意见，但项目资助的决策权需要通过理事会会议审议通过。

最后，理顺理事会与秘书处的关系。秘书处作为社区基金会的执行部门，应给予充分授权，给予秘书处在业务操作和管理上的具体权限。此外，秘书处应积极与理事会保持沟通，定期向其汇报基金会的工作情况，以协助理事会做出正确决策。

3. 促进社区基金会的专业能力建设

专业性和规范性是社区基金会的基本要求，社区基金会只有依托其组织属性的优势，充分地利用和动员各类社会资源，才能有效地破解各类社会问题。当前，社区基金会处于培育发展阶段，普遍而言，社区基金会的从业者主要是各类社区工作者，他们对公益慈善行业缺乏专业知识，对社区基金会的运作也缺乏足够的准备。因此，对社区基金会进行能力建设是非常迫切的。

第一，完善规划层面的能力建设。社区基金会首先必须明确自身的角色定位才能有清晰的发展目标。例如，明确自身到底是资助型社区基金会还是运作型社区基金会；在具体的发展定位方面，是以资助弱势群体的传统公益慈善为主，还是资助以致力于社区发展的新型公益慈善为主。只有理事会成员对社区基金会的发展方向有着清晰的认知且达成共识，才能使社区基金会在未来的发展中不至于摇摆不定。

第二，提升项目的设计和运作能力。专业的项目是社区基金会发展的基础，好的项目能够动员社会资源，也能够有效满足社区需求，作为资助型的社会组织，社区基金会的首要任务就是去培育、挖掘和支持各类项目。在当前社区基金会的起步阶段，其对专业项目设计的需求尤为迫切。专业项目设计需要充分了解社区的需求，形成需求和社区问题的数据库，从而使项目设计有针对性；同时，应该广泛邀请和引入各类社会组织，依托专业的社会组织去开发设计项目，形成社区基金会的项目库，在这一过程中，建立社区需求和社会组织的匹配对接。除了依托第三方社会组织来设计项目外，也应该通过培训学习来强化自身的项目设计能力。总之，只有形成本社区基金会的品牌项目，才有可能有效地整合社会资源。

第三，强化执行团队的能力建设。当前社区基金会的工作人员普遍是兼职的，他们不仅从事社区基金会工作的动力机制不足，而且也缺乏专业的能力，很多社区基金会的工作人员仅仅将其作为一个委派工作来对待，虽然能够满足常规性的工作需要，但是对于创新性的工作明显难以应付，这也会影响社区基金会的未来发展。对于执行团队的能力建设，主要有两条路径：一是引入外部专业的工作人员，这就要求社区基金会提高待遇，以相对优厚的报酬吸引专业人员；二是进行内部培训，加强工作人员的在职培训，主要通过加强与社区内外其他公益组织的合作来克服目前基金会专业人才不足的问题。

第四，加强对社区基金会发展的规范性指导。规范性永远是社区基金会的第一原则。从各地的经验中可以发现，基金会的不规范运作不仅影响的是个体的基金会发展，更会危害整个公益慈善行业的发展。社区基金会虽然还在起步阶段，但这并不能成为不规范发展的理由，作为一个新生事物，更应该强化监管和规范化的能力建设。这种规范性建设主要体现在两个方面：一是加强内部建设，即社区基金会自身要提升意识，在财务管理、项目运作、公开公示等方面严格要求自己，建立健全相关的制度管理体系；二是强化外部监管，加强对社区基金会的监督，包括社区基金会的筹资管理、项目运作、社区信息透明管理、社区成员的监督等。

4. 社区基金会的支持系统建设

社区基金会建设是一个系统工程，因此需要一个有利的社会生态环境来支持，由此才能实现良性运营和可持续发展。对于初创时期的社区基金会来说，这一支持系统建设显得尤为必要，主要包括以下 4 个方面。

（1）资金支持

筹资是社区基金会的首要功能。一个无法筹到资金的社区基金会就无法资助其他社会组织开展活动。而筹资能力又是目前上海的社区基金会最为薄弱的。上海的社区基金会大部分由政府出资成立，一些社区基金会虽然也有企业和其他社会力量的资助，但是这种资助采用的仍然是区域化党建的方式，而不是真正以公益慈善的方式来撬动社会资源。因此，社区基金会首要的支持系统是资金支持。这就需要完善社区公益资产管理制度，推动慈善金融创新，实现基金的保值增值和基金会的可持续发展。由于社区基金会大多是非公募的，因此可以采用联合劝募机制为社区基金会提供资金支持。“联合劝募”的理念在于通过一个专职募款的机构来有效集结社会资源，并合理统筹分配给有需要的社会组织。例如，可以与上海市慈善会各区分会合作，通过项目设计，定向用于社区基金会的支持。社区基金会的资金支持还包括保值增值功能支持，总体而言，目前社区基金会的保值增值功能非常单一，大部分社区基金会在规避风险的前提下以简单的定期存款等方式进行保值，增值更是无从谈起。这一方面是因为现在保值增值的渠道比较少，另外相关部门对于保值增值的意识还很不够，因此需要专业的支撑。

（2）技术支持

社区基金会在初创阶段时，无论是在发展规划、项目管理、财务管理还是在内部管理等方面都非常不足，因此需要专业团队提供管理和技术支持。一是为社区基金会从业者编写专门的培训材料和指导手册（目前，我们的研究团队正在做这方面的工作）。二是提供专业的培训和咨询服务，通过集中授课和单独授课等多种方式，为社区基金会培养专业人才，特别是需要加强社区基金会工作人员的实操培训。三是提供财务管理支持，当前上海社区基金会的财务大部分由街道代管，只有最简单的记账功能，因此一些社区基金会在代管财务方面还存在一些困难，可以委托相关专业机构进行财务代管。此外，技术支持还包括对社区基金会的宣传、公关、战略规划、志愿者管理等方面提供专业支持。一些发展成熟的社区基金会还可以委托第三方机构对社区基金会的运行效果进行评估，特别是对资助项目的成效进行评估。专业支持还包括委托专业的社会组织提供陪伴成长，通过组织专业团队进行社区调查，分析社区建设总体情况、社区治理和服务面临的问题、社区公益慈善事业的发展情况、社区社会组织培育发展的情况、社会组织参与社区治理的情况、社区公益资产管理状况、社区居民和社会组织的需求情况等，来制定符合社区实际的社区基金会发展规划。

（3）平台支持

作为一个新成立的社会组织，社区基金会需要广泛的社会资源支持。特别是社区基金会本身是一个平台组织，能够发挥汇聚资源的功能。然而，社区基金会在起步阶段并不是天然地具有整合性，特别是其在社区中的影响还不够，这样它获得其他单位的支持就非常困难。因此，在这一过程中，政府部门应该积极地搭建支持平台，主动为社区基金会衔接辖区内的相关企事业单位和政府部门的资源。此外，重点引导社区基金会逐步成为其他公益类组织的支持性组织，逐步为社区基金会、各类社会组织、自组织团队和社区搭建支持平台，从而使社区基金会的资源和社区的需求与社会组织的项目供给建立有效的对接。

（4）政策支持

社区基金会的发展需要一个有利的制度和政策环境，因此，要研究针对社区基金会发展的税收优惠政策，为社区基金会的可持续发展提供税务方面的政策支持。当前，非营利组织免税制度和公益捐赠税前抵扣制度，在某种程度上被认为是将原本由政府支配的用于公共服务的部分税收资源交由民间非营利组织来支配使用，即意味着政府隐性的转移支付。在国家税法已经明确非营利组织拥有免税资格和公益捐赠可实现税前抵扣的情形下，如何贯彻和落实这些规则，使社区基金会得以现实地享受这些权利，并由此实现鼓励社区公益事业健康发展的立法宗旨和目标，同时建构起科学合理的监管体系，避免免税政策成为不当避税的渠道，实是当下之急。针对社区基金会筹资难的问题，赋予社区基金会公开募集善款的资格既是社区基金会的生存和发展之需，也是未来进行政策设计时需要重点破解的问题。

第 7 章　参与社会治理：社区基金会的运作与功能

埃莉诺·W. 萨克斯在《社区基金会在全球范围内的成长：社区基金会运动活力的考察》一书中提到，社区基金会的主要目标和功能包括：致力于提高特定地理区域内居民的生活质量；基金会保持独立，不受其他组织、政府或捐助者的控制和影响；由具有代表性的社区居民组成的理事会负责治理；通过资助非营利组织，解决不断出现和变化的各类社区需求及问题；寻求在长时间内向广大捐赠者提供募集资金的渠道，这些捐赠者包括当地居民、非营利组织和商人；根据捐赠者的兴趣和捐助能力，为其规划服务；帮助捐赠者实现他们的慈善公益目标；作为促进者、召集者、合作者和帮助者，参与一系列的社区领导和合作活动，寻找重要社区问题的解决方案；有公开透明的政策与运营过程；有义务定期向公众公开任务目标、活动情况以及财务状况（Sacks，2000）。

显然，上述社区基金会的目标和功能对于中国的社区基金会来说也有重要的借鉴意义。中国的社区基金会通常是集“劝募资金、基金运作和提供服务”三位一体的组织。大部分社区基金会都是运作型基金会。社区基金会的运营主要包括筹集社会资源并实现资金的保值增值、运作公益项目、参与社区治理、传播公益文化以及进行机构能力建设等活动。简单来说，社区基金会的运作和功能就是筹钱，然后通过专业的运作使得公益资金产生最大的效果。作为一个组织，社区基金会的价值是通过机构运作而体现出来的。

社区基金会的运作是社区基金会在特定条件下的实际运行活动和方式，包括如何安排组织结构、活动如何开展等，涉及社区基金会的战略定位、社区基金会的作用机制以及实现上述功能的具体形式。

7.1 社区基金会的战略定位

定位，顾名思义就是确定方位和边界范围。对于组织而言，定位是业务边界的确认，组织的定位会给予组织明确的目标，也成为组织后续开展各项活动的依据和动力。定位不同，采用的战略规划就不同。战略规划是指一个组织具有较长远的发展目标和实施战略的一系列计划活动，是组织用于实现项目活动目标和组织发展目标的工具。在进行组织的战略规划之前，需准确定位，明确组织的使命、愿景，因为使命和愿景是组织存在的意义，战略规划是组织使命具体化的过程。一个组织的战略方向决定了它所聚焦的领域。不同的战略定位会导致社区基金会采取不同的行动策略。关于社区基金会的战略定位，学术界形成了很多研究成果。

伊丽莎白·A. 格雷迪和唐纳德·L. 摩根根据战略方向的不同将社区基金会分为三种模式（Elizabeth A Graddy，Donald L Morgan，2006）。一是捐赠者服务模式（Donor Service），二是媒介模式（Match Maker），三是社区主导模式（Community Leadership）。捐赠者服务模式主要服务于捐赠者，根据捐赠者的偏好来决定基金会运作，对满足社区需求有一定的限制。媒介模式的主要定位是成为连接捐赠者和非营利组织的桥梁，它的目标是将捐赠者的利益与社区需求相匹配，并维护各种社区资源。社区主导模式致力于带领社区改变，以解决社区问题，它会积极参与社区有关政策的制定、发展相关的合作。

伯恩霍尔兹、富尔顿和卡斯珀把西方社区基金会的运作模式分为银行模式（Bank Model）和聚集模式（Convening Model）。银行模式是一种典型的社区基金运作模式，它与银行日常的运作方式相似，即社区基金会把慈善信托人的资金聚集起来，然后由独立董事会决定把资金分配给有需要的社区。聚集模式则是一种新的社区基金运作模式，它是社区基金会通过动员各方力量，聚集各种资源，领导社区各种居民通过共同参与解决社区问题。

郭和威廉·A. 布朗也提到了社区基金会的两种模式，与上述模式基本相同，即社区主导型的社区基金会和以捐赠者为主导的社区基金会模式。社区主导型的社区基金会的性能评价因素包括其引导基金会解决社区问题方面。以捐赠者为主导的社区基金会的评价因素主要包括其获取个人捐助的资金数量和提高每一个捐赠者的个人慈善利益效率等方面（郭超、William A Brown，2006）。

上述这几种战略方向之间的关系并不是完全互斥的。它们可以在基金会的运作中相互渗透，但是由一个战略方向作主导。三种模式依据社区基金会的发展存在层层递进的关系。基于一个已被修正的组织生存期模型，有研究认为年轻的社区基金会将主要力量集中在建立它的资源库上，也就是说，它更在乎维护与捐赠者的关系以及增加基金会的资产。当基金会不断发展后，规模的扩大以及组织的成熟使得它的主要目标从捐赠者主导转向社区主导模式（Elizabeth A Graddy，Donald L Morgan，2006）。捐赠者主导模式被认为会对基金会解决问题的能力产生限制。而社区主导模式被认为能够更好地增强问题解决的能力。

社区基金会的领导力角色应具有以下几方面的作用：建立有用的与项目相关的知识体系，以提供更完善的思路和观点；以交流作为社区基金会的核心任务，从而塑造社区话语权；发展联络地方领导层，参与解决地方事务，以促进战略连接；扩大致力于改变的资源，重点在于最大限度地获得政府资源和培育有强大影响力的慈善家；促成地区系统变革、拥护政策，并与社区各阶层协作进行问题解决；强化自身责任、增强社区能力；等等。增强社区能力主要是通过联合和支持助力社区成员解决问题，并在一段时间内提供不同的临时能力提高方案；确保持续高效的技术支持；将自己的经验方法传授给社区里的其他人。社区基金会在未形成足够的领导力前应当从组织内部采取措施，如明确自身的任务和应对策略、调整组织机构、建立理事会等，以此提高自身能力。

西方的社区基金会由于具有相对完善的治理结构和发展历史，因而在战略定位和运作模式方面积累了丰富的经验，如第 4 章第 3 节介绍的美国的布鲁明顿和门罗县社区基金会的四个阶段的运作模式。

我国本土化的社区基金会大多不是基于具体的需求导向或问题导向而内驱产生的，更多是当前社区治理创新理念使然，即靠行政驱动的实践逻辑外驱推动成立。这就导致了社区基金会的战略定位通常是非常宽泛的，如很多社区基金会的章程都表述为“基金会的宗旨是动员社会资源，从事公益活动，服务社区建设，共建美丽社区”，“业务范围是资助、帮困、助老、助残等社区公益项目及社区公益人才和公益性社会组织的培育与发展，改善社区公共设施，资助社区其他公益活动”等。这种战略定位的宽泛和不精确，使得社区基金会的运作无章可循。

因此，对于个体的社区基金会组织来说，特别是在初创期，必须准确定位、实现目标的指向性，这样才能使得基金会的从业者、志愿者和其他利益相关主体达成共识；还要建立具体的行动方案，才能不陷入徘徊、困惑的境地。笔者认为，对于社区基金会而言，不同的发展阶段应该有不同的角色定位，也相对应有一套适合的战略模式（见表7－1）。但应特别注意的是，无论怎么分类，这些模式之间并没有严格的界限，它们可以在基金会的运作中相互渗透，只是有一个战略方向作为主导而已。

表7－1　不同阶段社区基金会的重要使命、角色定位

发展阶段	战略模式	角色定位	使　　命	核心
初创期	捐赠者服务模式	服务提供者	积累资本（需要维护好与捐赠者的关系）	生存
成长期	媒介模式	资源协调者	维护社区资源（将捐赠者利益与社区需求相匹配）	发展
成熟期	社区主导模式	社区领导者	解决社区问题（积极调动社区资源，带领社区改变）	主导

在初创期，社区基金会因为需要积累资本来保证最核心的生存问题，所以在这一阶段，社区基金会将自身定位为服务提供者，通过服务与社区建立关系，得以积累资本。但基金会主要是根据其偏好来决定基金运作的，整体而言，对满足社区需求有一定的限制。

当社区基金会的生存问题得以解决之后，即进入成长期，这一阶段，社区基金会的核心是组织发展，所以此时基金会需要调整定位，成为资源协调者，采用媒介模式，成为连接捐赠者和非营利组织之间的桥梁，目标是将捐赠者的利益与社区利益进行匹配，并维护各种社区资源。

最后，社区基金会发展到一定阶段后会进入成熟期，此时社区基金会在社区中发挥核心主导作用，所以需调整定位，成为社区领导者，采用社区主导模式，积极调动社区资源，带领社区居民做出改变，以解决社区问题，或参与到社区有关政策的制定中，进而推动社区的和谐发展。

社区基金会作为社会治理创新的一股新力量，自身发展面临诸多挑战。首先，如何准确定位是当前中国本土社区基金会亟待解决的重要问题。特别是政府主导型社区基金会，必须解决如何避免与基层政府行政职能部门的角色混淆以及避免与社区其他社会组织的雷同等问题，因此，准确定位是保持社区基金会独特性的重要保证。其次，思考如何做出适当的战略规划，进而保障社区基金会的可持续性发展。特别是对于当前初创期规模小、资源单一且有限的社区基金会来说，如何获取社区居民认同、调动居民参与的积极性、整合社区资源，是社区基金会长远发展所面临的重要问题。

7.2　社区基金会对于社区发展的作用机制

从广义上来说，社区基金会是致力于社区发展的社会组织。社区发展是一个庞大的体系，需要各类组织和相关主体的参与，不同的组织和主体介入社区发展的机制是不一样的。例如，社区党组织主要依托党建的力量发挥社区发展的统合性作用，居民区的自治组织主要通过对社区公共事务的民主参与来实现自我管理和自我服务，各类社会组织主要通过提供专业的社会服务来发挥作用等。社区基金会作为兼具社区性和慈善性的社会组织，在社区发展中的作用是不可替代的。由于社区基金会的组织属性和功能与其他组织不同，故而它作用于社区发展的机制也不一样。

第一，社区基金会通过创新公益慈善方式为社区发展筹集更多的社会资源。社区基金会作为基金会，其首要的功能是募集社会资源。资源是社区发展的重要前提，一方面，传统的社区发展模式主要依赖政府部门的财政资源，这种资源来源不仅单一，而且资源含量、资源使用方式、资源的社会效应都有很大的局限性。例如，单一地依赖政府部门的资源会导致治理方式的高度行政化，而且，社区居民很难有参与的主体性和责任意识。另一方面，社区又有大量潜在的社会资源，如企业和公众的捐赠、一些组织的购买服务等，由于缺乏合适的媒介平台，这些潜在的社会资源并没有被充分激发出来，也没有与需求充分匹配，故而无法实现社会资源的价值最大化。而社区基金会作为社区公益慈善的创新组织，可以通过传播社区公益文化来培育社区居民的公益意识，并通过各种微公益的方式募集更多的社会资源。社区基金会还可以在社区的平台上更好地实现资源和需求的匹配，降低资源使用的成本。因此可以说，社区基金会是社区资源的“放大器”。

第二，社区基金会通过资助和培育社群来推进社区营造。正如第 3 章所指出的，社区基金会的一个重要的研究视角是社区营造，其目的是使社区居民自组织、自治理、自发展，共同解决社区所面对的公共议题（罗家德、梁肖月，2017）。社区营造最核心的切入点是社群的培育，即激发社区居民的有效参与。社区基金会作为以提供资金支持为主要功能的枢纽型社会组织，其作用主要是资助社区里的各种自组织团队，并依托这些自组织团队来推动社区营造。社群形态的自组织团队是社区基金会的重要抓手，没有这一抓手，社区基金会的愿景和使命就没办法落地实现。因此，社区基金会应善于挖掘和培育社区能人达人、培育自组织，给各类社区社会组织提供运行的项目支持。

第三，社区基金会通过搭建平台来促进社区多元主体的合作与共治。社区发展需要动员多元主体合作，在中国的社区治理体系中，区域化党建是整合社区资源、促进多元合作的最主要的机制。区域化党建主要是基于政治性统合的方式来实现的，这种统合方式需要专业组织的支撑才能实现有机联动。多元主体的合作在实践过程中需要完成信息交流、供需匹配、业务对接、组织嵌入等多个层面的衔接工作，这就需要一个在地的专业化支持平台来提供支撑。社区基金会作为枢纽型组织，一方面了解社区情况，一定程度上具备在地的信息和组织优势，可以为各类社会组织提供相关的支撑；另一方面，其本身是社会组织，了解社会组织的运作机制，可以更好地协助政府与社会组织进行对接。因此，社区基金会应该加强与社区相关机构的互动和沟通，在推动共建共治共享的社会治理格局中发挥重要作用。

第四，社区基金会通过社区议题的倡导来推动社区形成发展规划。议题倡导是社区基金会的重要运作模式，是衡量社区基金会影响力的重要指标。议题倡导是指社区基金会代表社区居民和各类利益相关者向决策者（主要是政府）施加影响，从而促进政策的改变，或者在政策空白的时候制定相关的政策。倡导的目标是带来正向的改变，因此倡导不是简单的批判，而是一种积极的建设性行为。正如之前所介绍的，社区基金会的关注点并不局限于某一类主题，而是关注广泛的社区需要，因此它对社区的认知是非常充分的。随着社区基金会在社区中的影响力逐步扩大，它可以联合相关社会力量，根据社区发展规划的需要对政府部门提出相应的建议，并推动方案的实施落地。

总之，社区基金会在社区发展中的价值并不是一个简单的组织可比拟的，它致力于建立和完善社区治理的生态体系，而社区基金会在这个生态体系中处于非常关键的位置，发挥着社区治理的枢纽作用。社区基金会一方面通过创新公益慈善的方式来获取更多的社会资源；另一方面又将这一资源通过项目资助的方式输入社区自组织，从而用以推动社区营造。因此，它是社区治理的关键一环。

7.3　筹资有道：社区基金会的多元筹款模式

筹资是社区基金会发展的基础，也是安身立命之本。因此，培育社区公益文化、推动社会捐赠是社区基金会的首要工作。社区慈善是慈善事业的“最后一公里”，是真正接地气的慈善事业，同时也是社区发展的重要组成部分。以美国为例，伯恩霍尔兹、富尔顿和卡斯珀等研究发现，美国的社区慈善事业有很多种方式，已经形成了丰富的筹资模式，比较具有代表性的有联合劝募（United Ways）、联合慈善机构（Associated Charitable Organizations）和捐赠圈（Giving Circles）等创新形式。其中，联合劝募是指通过一个专职募款的机构有效地集结社会资源，通过专业的、高度问责的方式将资源按需分配给合格的公益组织，并代替捐赠人监督善款的使用情况。联合慈善机构是健康导向的慈善机构，主要为特定地区的特定疾病或残疾方筹集和分配资金。联合捐赠方（Federated Giving）包括如路德会、犹太联合会、天主教慈善机构和其他基于宗教或宗教价值观的机构组织，其为推动区域内社区健康和公共服务的发展而筹集和分配资金。捐赠圈是个人捐助者结伴并集体捐赠善款的团体。这些公益募捐的创新形式对于推动社区多种形式的公益筹款具有十分重要的积极意义。

近年来，我国的社区慈善事业发展迅速，但相比其他发达国家仍然处于起步阶段，尚未达到现代慈善的水平。一方面，现有的社区慈善体系如各类慈善会在街道和居民区的捐赠点、慈善超市等，总体来说在慈善捐赠等方面的创新性还不足，还有很多诸如“一日捐”的活动因“被捐赠”的特点而容易导致慈善疲劳。另一方面，社区的慈善潜力却非常大，特别是很多社区居民都有很强的捐赠意愿，这就要求我们必须创新社区公益慈善方式，构建人人参与的社区慈善氛围，有效推动慈善事业社区化、日常化和社会化，以发挥社区基金会在这方面的重要功能。

国内社区基金会在筹款方面做了大量的探索，如千禾社区基金会、姚坊门社区基金会、洋泾社区基金会和陆家嘴社区公益基金会等都有相对较为专业的经验，也形成了多元化的筹资模式，因而在筹集社区慈善资源方面取得了较为明显的成效。

例如，千禾社区基金会以珠三角地区为重点，通过专业化的运作，协助捐款人有效管理慈善资金、建立专项基金，并进一步争取慈善税收优惠、核实受助人身份、跟进及评估公益项目、开展战略性社会投资和公益传播等，打造徒步筹款的公众公益参与平台，让“人人公益、身体力行”的公益理念得到了更大范围的传播和践行，促进了珠三角城市公益文化的营造。

根据千禾社区基金会的理事朱健刚教授介绍，千禾社区基金会的基金资源来源主要包括以下 6 个方面。一是专项基金。专项基金分为限定性的和非限定性的两类。对于比较大额的专项基金，资金的捐赠单位也可以派出代表，与千禾社区基金会共同形成决策委员会来管理此项资金。二是配对资金。由于千禾社区基金会有自主资金，它们可以通过自己捐赠一笔、其他机构配捐一笔的方式来筹款。三是合作资助。对于一些目标和愿景相同的议题，由相关机构共同合作资助，从而提升资金规模。四是联合劝募，通过“益动广州”活动来进行筹款。五是事件筹款，即通过举办一些公益晚宴和活动来筹款。六是本金筹款，即捐赠者把大额资金捐给千禾社区基金会，由千禾社区基金会去做投资运营，然后本金保持不动，把投资的收益用于公益。千禾社区基金会目前已经有 2 000 万元左右的保本基金，未来有希望做到更大的规模。本金筹款是千禾社区基金会的重要发展方向，其在国内社区基金会的发展中也是相对领先的。此外，千禾社区基金会的一个较为有特色的筹资方式是理事会认捐新政和办公经费，虽然资金额不多，但是对于保障社区基金会的有效运作来说非常重要。

千禾社区基金会 2018 年的审计报告显示：2018 年度，总收入为 1 274.1 万元，其中捐赠收入 1 202.1 万元，提供服务收入 46.8 万元，政府补助 1.6 万元，投资收益 21.7 万元，其他收入 1.9 万元。从这一收入结构中可以看出，多元化的筹资模式对于千禾社区基金会的筹款发挥了重要作用，千禾社区基金会已经具备了较为专业的筹款能力和资金运作能力。

在筹款多元化方面，南京姚坊门社区基金会也做了大量的探索。根据姚坊门社区基金会秘书长岳耀蒙介绍，该社区基金会形成了项目资金配捐、指定用途捐赠、公众小额劝募、非限定性捐赠、投资理财收益和企业资源链接等多种模式，具体可见表 7－2。

表 7－2　南京姚坊门社区基金会筹款模式

筹款模式	具体描述
项目资金配捐	其中一种方式是社区基金会与具有公募资格的大型基金会合作，通过资金项目资金配捐的方式，资助社区公益项目；另一种方式是直接获取其他基金会、联合劝募机构、慈善资助机构的项目资助

续 表

筹款模式	具　体　描　述
指定用途捐赠	是一种类似于“设立专项基金”但又有不同的筹款方式，即企业、个人和机构在捐赠前设定了资金的使用用途
公众小额劝募	基金会面向社区居民，基于网络平台，或举办线下募款活动，筹到小额捐赠资金
非限定性捐赠	捐赠人不指定捐赠资金的具体用途，由基金会根据社区需要和机构使命，自主决定资金的使用方向
投资理财收益	通过银行等金融机构对基金进行以保值增值为目的的投资理财活动
企业资源链接	社区基金会通过项目推介会、公益创投、公益项目大赛等方式为企业资源和社区项目搭建匹配平台

例如，在企业资源链接方面，姚坊门社区基金会通过打造“公益助老午餐”项目向辖区内的企业募集善款，为13个社区提供居家养老服务。项目分成若干套餐，由各企业认领“公益包”并提供资金支持，有效解决了社区困难老人的就餐问题。这一项目得到了企业的积极响应，50多家企事业单位捐出善款800多万元，打造了“爱心助老午餐”等8个项目。这一项目化的筹款方式使得企业的善款产生了最大的公益效应。

除了对货币资金的筹集外，姚坊门社区基金会的另一个非常有特色的探索是对社区志愿者的挖掘和激励——实施了姚坊门时间银行项目，将银行管理理念延伸至社区互助项目，引入商业银行运作模式，与中信银行合作发行联名卡，并提出“721”志愿者获益模式（70%的时间存款可以兑换等额的志愿服务时间、20%的时间存款可以兑换生活物品、10%的志愿服务时间可以兑换志愿服务成本），采用相应的存贷规则和激励机制，即广泛募集社会资源开展志愿服务，志愿服务时间累计存入时间银行。当志愿者想要支取时间存款时，既可以得到等额的被服务时间，也可以兑换一定比例的生活用品和志愿服务成本，这一探索丰富了志愿服务交换的内涵，形成了社区居民参与互助的良性循环。截至2019年4月，尧化街道已建立了13个社区分行，拥有3 500名个体志愿者、38个志愿团队，累计服务居民达 21 万人次、服务时间达 11 万小时。

社区专项基金是社区基金会的一个重要筹款方式。为了推动社区居民参与，上海和成都等地探索并采用了政府资金资助居民自治的方式，如上海的自治金项目和成都的公服资金项目。这些政府财政资金投入居民自治领域对于驱动居民参与具有一定的意义，然而也存在很多理念上和实践上的问题。理念上，在居民自治领域应该秉持“谁参与、谁受益、谁负责”的原则，因此自治资金投入应该来源于居民；实践上，政府的财政资金用于资助居民自治，导致了资金使用效率不高、居民被动参与等问题。社区基金会则通过搭建政府、企业与社区居民之间的沟通桥梁，灵活吸纳财政资金、市场资金和社会资金，并加以综合应用，由此改变了社区自治的理念。

陆家嘴社区公益基金会在这方面做了很有价值的探索。根据陆家嘴社区公益基金会秘书长张佳华介绍，2017 年，基金会积极对接陆家嘴街道自治办、陆家嘴社区服务中心、陆家嘴社区文化联合会，共同举办了“益众筹”活动，社区居民、社区单位通过义卖、定向捐赠等方式对公益项目进行了募集、筹集；同时，积极倡导企业参与公益、认领公益项目，形成社企合作、人人公益的社会氛围。该社区基金会的众筹采用线上和线下两种方式进行，其中线上众筹通过真爱梦想基金会的筹款平台来实现。基金会认真梳理每年的自治金申报项目，对项目进行提炼、梳理和归纳，在试点的基础上，2017—2018 年共“包装”25 个自治金线上众筹项目、筹得公益款 6.8 万余元。2019 年，基金会已全面实现 32 个居民区专项基金的全覆盖，且统一由社区基金会管理。社区专项基金资金池全面覆盖之后，将使各居民区自治金项目有机会筹集更多的社会款项；社区专项基金的设立也为第三方社会组织的引入提供了契机；未来将更加有力地赋能于各类型的居民自治队伍和各类社区营造专业力量，为社区增添共治活力。

以往居委会单方面培育自治金项目，尽管一些积极的居民团队设计了较多贴近民心、扎根居民区的好项目，但单个自治金项目的持续性支持不足，项目的可持续性也不强，所以社区专项基金为居民自治开辟新的操作模式创造了可能。社区基金会为居民区搭建“项目+资金”的参与式平台，不仅支持居民为自己的项目完成筹款，还进一步激发了居民参与的能动性，更有利于树立“我的事我去筹”的公益意识，增加了治理主体与治理问题的关联性，实现了居民自治的提质增能。例如，陆家嘴街道乳二居民区“共同家园”模块下的自治金项目——绿色生活，其原本是旨在进行社区改造、提升居民环保意识的项目，在 2017 年的线上筹款试点中，项目组成员更加主动投入地对其内容和方式进行了再设计，以“让你在壁画中穿行”为标题发掘亮点，凸显小区围墙美化给居民们带来的生活品质的提升。这一再设计在居民中产生了强烈反响，在线上筹款中为乳二居民区筹得了可观的资金支持。居民区专项基金的设计使得居民自治项目从浅层参与走向深度参与，提高了居民在参与自治项目过程中的责任意识。在资源自主性方面，有利于社区自主筹措和灵活使用社区公益善款，最后借由基金会的专业力量负责规范社区自治资金的管理和使用。

此外，由于社区基金会的参与，传统的公益市集和一日捐项目也改变了其原来的行政模式，激发了居民的参与意识和慈善意识。如上海洋泾社区基金会在筹资方面形成了过程导向的社区劝募模式和社区捐赠人决定项目落地的募捐模式。

慈善公益联合捐是洋泾社区的传统项目，也是社区基金会每年定期且主要的筹资途径之一。区别于社区基金会成立之前街道上传下达的行政募捐的传统方法，洋泾社区基金会在工作理念和做法上重新改革，通过访谈和问卷等方式进行社区调研，理事会探讨资金的大致使用范围，培训募捐人员，设立海报和宣传单页告知居民资金去向，公开透明地将一系列信息反馈给居民捐赠人。除此项目之外，基金会会不定期地组织社区居民以社区义卖、义演的方式开展针对社区公益服务主题的劝募。例如，“小小志愿军”项目中的“小小公益市集”和“小小暴走”，都是社区基金会在深入社区、发现需求的基础上根据具体的社区急切需求来设定筹款目标，向社区发布筹款计划，对筹款背景进行详细说明，招募社区居民设计劝募方法的一系列成功实践。

以“小小公益市集”为例，上海洋泾社区基金会秘书长任艳萍介绍，

洋泾生活公益市集是规模性的社区联合义卖活动，该活动旨在为 4~12 岁孩子的家庭、学生社团、社区公益组织和企事业单位参与社区公益活动提供平台，并培养孩子的社会财经素养，推动孩子加强对自己赚钱、捐钱和花钱行为的自我管理。具体的方式包括：第一，开展公益组织和学生社团义卖，并支付一定的摊位费；第二，开展爱心企业义卖，并捐赠所有交易收入；第三，开办针对 4~12 岁孩子家庭的亲子跳蚤市场，并捐赠交易收入的 10%。为了帮助儿童从义卖中获得更为积极的社会经验，洋泾社区基金会将在活动前后为报名参加义卖的小朋友组织社会理财有关的培训或工作坊。通过上述基于过程导向的社区劝募方式，社区基金会重塑了社区信任，动员了更多居民参与。

此外，洋泾社区基金会还让社区捐赠人决定项目落地。洋泾社区公益基金会在通过需求和过程导向的社区劝募活动推动社区广泛参与的同时，还在资助环节采取小额公益项目资助机制，设计一日捐项目，进一步推动社区的参与式发展。在项目开发、项目招标、项目申报、项目评审等项目资助的各个环节，均尽可能地展现参与式发展的理念，即需求来自居民、捐赠人参与大众评审、居委会承接项目落地、第三方评估机构与居民一起监督和评估项目的执行。在项目评审环节，需要强调的是，捐款人代表的权力最大，任何可落地的项目必须获得他们过半的选票才算表决通过，社会组织项目是否通过及是否落地洋泾是由居民最终决定的，也受到居民的监督与评估。也就是说，在洋泾，这些居民不仅是捐赠者，也是捐赠款项使用方向的决定者，这就显著提升了居民的参与意识和从事公益事业的价值感。

上述国内多个社区基金会的公益慈善筹款模式和实践效果表明，社区基金会不仅能为社区发展提供社会资源支持、为捐赠方提供正向的激励，更为重要的是，它们还改变了社区居民对公益慈善和社区参与的认识，让他们感受到社区与自身的密切关系，吸引了更多的居民参与社区建设。上述创新方式对于社区公益筹款而言最重要的并不是筹款的数额，而是倡导了一种公益生活方式，培育了居民的公益慈善意识，也传播了社区的公益慈善文化。

7.4 培育社群：社区基金会的资助之道

社区基金会作为资助型基金会应该培育和资助社会组织和居民区的自组织团队。大部分的本土社区基金会均是规模较小的非公募基金会。《基金会管理条例》规定，非公募基金会每年用于从事章程制定的公益事业支出不得低于上一年基金余额的8%，而工作人员工资福利和行政办公支出不得超过当年总支出的10%。在社区基金会短期内还无法筹集较多资金的情况下，大部分社区基金会每年的资助额都不多，甚至很多社区基金会只能完成《基金会管理条例》的最低标准。如何使非常少的资金产生最大的效果是社区基金会从业者面临的一个很大挑战，培育社群是社区基金会资助的重要方向，也是目前很多社区基金会探索出的较为有效的路径。

在快速社会转型的背景下，原先的社会组织模式和社会联结方式逐步发生了很大的转变。虽然经历了30多年的社区建设，但总体来说，目前社区居民的参与意识还不高，对社区的认同也不足，社会的原子化问题也非常突出。在如今行政逻辑的治理体系下，政府和居民之间主要体现为一种纵向甚至单向的关系形态，居民之间的横向关联非常弱，社群几乎还没有形成，居民的公共意识还非常缺乏，这就导致了目前社区治理中经常被诟病的“行政有效、治理无效”的困境。国内的很多社区基金会在成立之初就以培育社区的公共意识为目标，通过多种方式培育社群，如成都市麓湖社区发展基金会就在这方面进行了有益的探索。

成都市麓湖社区发展基金会是一家由开发商主导成立的社区基金会。麓湖总占地面积超过2.1平方千米，建设周期长达20年，最终辐射人口将达15万~20万人，人口规模甚至比一个镇的人口还多。与传统社区不一样，麓湖生态城在开发方面采用了先进的公园型城市理念，力图打造成一个在当地较为高端的社区，这里的公区和私区交叉在一起，使得社会资源的共享成为趋势，居民们还可以在社区里享受更加便利的市政服务，但私密性和开放性的矛盾不可避免。另外，麓湖生态城的开发商是社区重要的治理主体，负责代建、代投资、代管理。由于麓湖生态城的开发时间长，业主的入住分不同的批次，而且开发过程中也面临各种不可预计的波折，如运营团队更换、政策变化等，如何形成一种可持续的治理机制便成了开发商面临的难题。麓湖社区发展基金会正是为了破解上述难题而成立的。

麓湖社区发展基金会在筹备初期就意识到社区不仅是一个居住的空间，更是生活的场所，而居民是社区发展最为重要的力量。成立社区基金会的最大价值就是改变人，通过社区公益的模式来重构人与人的链接和信任，让所有的捐赠人、志愿者和受益人，乃至所有参与公益的人们，在公益中得到改变。麓湖社区发展基金会致力于去创造横向联结，创建社会资本，激活相互信任的土壤。麓湖社区发展基金会采用了“三人成众”的标志，寓意集结众人的力量和智慧，并借此激活和影响更多的人，共同参与，共同创造，从而达到人人有责、人人尽责、人人享有的境界。

麓湖社区发展基金会以培育社群文化为重要的工作内容，根据业主的兴趣爱好，培育形成了麓湖农耕社、麓鸣读书会、光影会、雅集会、麓客设享会、麓客书画社、麓客味道美食会、麓客英语戏剧社等数十个社群，还举办麓客社群“一月一会”的活动。这些社群还经常联合举办各种邻里活动，社区的生活丰富多彩。尤为特别的是，所有的邻里活动从构思、策划、创意到落地执行，大到活动构架，小到物料、人员安排，都由“麓客们”亲力亲为。这些社群活动唤醒了居民的共同记忆，增强了居民的社区认同感和归属感，同时也激发了居民的责任意识。社群的活跃也促进了社区的民主参与，这些社群成员组织和参与麓湖议事会，围绕社区的公共问题进行讨论，在社区成立之初就形成了具有广泛群众基础的社区规则。

7.5　设计项目：社区基金会的品牌塑造

社区基金会作为资助型慈善组织，以资助其他社会组织和自组织团队开展项目为主要目标。不过，对于初创型的社区基金会来说，设计、运作自己的品牌项目是一种普遍的方式，特别是形成社区基金会标志性的品牌项目，更有助于显著提升社区基金会的社区影响力，因此，品牌塑造是一个重要的策略选择。实际上，中国的社区基金会最开始出现也是基于问题导向的，成立社区基金会的目的就是解决社区亟待化解的问题，而问题导向的项目有助于引起社会关注和得到公众的捐助。正如王名在研究中所指出的那样，在中国总体慈善不足的背景下，采取以项目为核心的运作思路与模式是一种非常明智的选择，这有利于凸显重点，从而相对快速地聚集力量、解决问题。但不足的是，项目具有周期性，有自己的特定目标，随着问题的解决，靠它来吸引社会的关注就比较困难（王名等，2014）。不过，在品牌项目主导的发展模式下，一旦该问题得以解决或者外部的政策环境发生了变化，那么该项目的价值也会降低，就需要重新设计实施新的项目。因此，从一个机构的长期发展来看，应该从品牌项目主导转向品牌组织主导，全面提升组织的核心竞争力。中国社区基金会的影响力离不开品牌项目的支撑，而品牌项目的设计则需要有一支专业的运作团队。很多社区基金会都基于自身社区的特点开发了一些兼具社区治理效果与公众美誉度的核心项目，这些项目显著提升了社区基金会的社区影响力，促进了公众参与。这里仅举若干社区基金会的典型案例略作说明。

（1）陆家嘴社区公益基金会的余香 ROSE 项目。余香 ROSE 项目是由陆家嘴社区公益基金会、724 社创星球、社会公益人宝哥联合发起的公益项目。余香 ROSE 项目主要是及时“拯救”婚礼后还绽放的鲜花，邀请花艺顾问指导志愿者将花束进行再次包装，最后将花束送给有需要的人们。为了保持鲜花的香气，也为了让需要鲜花的人能近距离地感受鲜花的生命力，婚庆行业从业者愿意与陆家嘴社区公益基金会合作，专门回收婚庆二手鲜花，重新加工制作之后送到社区老人手中。余香 ROSE 项目的首笔专项基金来源于“陆家嘴国际咖啡文化节”——首届金融城国际咖啡文化节，主办方在金茂大厦、环球金融中心、交通银行大厦等 8 幢超级商务楼宇里推出了两元一杯的“爱心咖啡”活动，活动中共筹得 1.3 万元爱心基金。在陆家嘴公益社区基金会、724 社创星球及陆家嘴老年协会等的共同努力下，他们用这笔带着咖啡香的善款成立余香 ROSE 项目专项基金，专门为社区老人送去由二手鲜花加工而成的花束，送上温馨与祝福。余香 ROSE 项目将金融城白领和社区白领联结起来，创新了社区公益参与的形式，提升了社区公益事业的参与广度和深度。

（2）深圳蛇口社区基金会的无车日项目。每年的 9 月 22 日是世界无车日，为了鼓励人们更多关注和选择低能耗、低污染和低排放的绿色出行方式，“蛇口无车日”活动应运而生。开展三年以来，无车日活动在保留最初的嘉年华巡游、创意市集等传统形式的基础上，新增尝试了更多元化的活动形式，以 2018 年无车日为例，活动形式包括嘉年华巡游、创意市集、亲子/社区游艺、都市野餐、街头小论坛等重磅创意活动。这些活动内容契合深圳年轻城市的特点，特别是通过游戏的方式来促进年轻人参与社区公共事务的讨论以及社会问题的解决，激发了年轻人的想象力和参与热情。

（3）洋泾社区基金会的小小志愿军项目。“小小志愿军”洋泾儿童社区公益行动是由洋泾社区公益基金会发起的，这是一个为儿童提供参与社区公益服务机会的平台。项目主要针对 6~12 岁（小学阶段）的儿童，由儿童组队完成社区公益服务，在对社区做出贡献的同时，也培养了儿童的公益意识，提升了他们的团队能力和沟通交流能力。小小志愿军社区公益服务内容目前主要包括如下三个类别。① 小小教师：小小志愿军在洋泾社区图书馆等场所与其他小朋友分享自己擅长的内容，如科学、历史、自然、好书推荐等。② 小小敬老员：小小志愿军在敬老院、老人日托所等场所通过为老人表演节目、与老人一起做手工和做游戏等活动来为老人带来快乐。③ 小小公益大使：通过街头义卖、劝募等方式，为特定对象募集善款，倡导关爱和行动。小小志愿军项目抓住了社区内的儿童这一群体，将社会教育有机融入公益活动中，对于提升儿童的公益意识和社区认同都有积极的意义。

7.6　资源输入：社区公益事业“输血者”

作为公益慈善事业专业的管理机构，社区基金会必须具备“自我造血”的功能，只有这样，才能为社区公益市场提供源源不断的资金支持，这就要求社区基金会必须借鉴企业运作的方式，通过市场运营和资产配置产生经济收益。如一些社区基金会开始探索盘活社区公共资产的途径，通过有效的经营来使社区公共资产增值，进而反哺社区。因此，社区资产的专业管理和运营是社区基金会未来重要的发展方向。目前，国内社区基金会在这方面的探索还比较少，中国第一家社区基金会桃源居公益事业发展基金会进行了初步探索。

桃源居公益事业发展基金会是由地产集团桃源居集团出资成立的，其旨在推动社区的积极发展。面对社区规划和物业管理的现实困境，开发商桃源居集团领导李爱君女士借鉴国外经验，主动协助社区居民自主成立义务治安队、环保队等来解决社区治安不稳、环境“脏乱差”等问题，并同时积极向政府及开发商反映诉求；后来，这些义工队经过民政部门的认可，登记注册为正式的社会组织，形成了桃源居“八大社会组织”的格局。2006 年 7 月，“桃源居公益事业发展中心”成立，其主要致力于发展社区公益性和福利性事业。随着越来越多的社会组织参与到社区发展中，开发商逐渐退出，并以“定向捐赠”的形式，将资金捐赠给全国性基金会，然后再由其将资金定向资助到桃源居社区。但这种迂回变通的方式无法满足常态化的社区服务项目的需求。为了探索形成社区公益慈善的有效机制，2008 年 7 月，在深圳市政府的支持下，桃源居开发商捐资 1 亿元，在民政部注册成立桃源居公益事业发展基金会，其宗旨是“为推动中国和谐社区建设，专责培育社区公益组织发展”，定位为资助和培育全国的城市社区，特别是促进桃源居集团所开发的社区的公益组织发展，重点培育发展社区基金会。此后，基金会开始履行之前开发商的角色，成为社区公益服务的推动者和资源提供者，因此，桃源居公益事业发展基金会扮演着社区公益事业“输血者”的角色，通过为社区公益提供资金支持来实现社区公益性社会组织的可持续发展，其具体的运作模式如图 7 - 1 所示。

与其他社区基金会不同，桃源居公益事业发展基金会在资源生产方面最有特色的创新是将社区里的公建配套物业的产权、运营权和收益权产生的收益都输送到社区基金会，从而使社区基金会有了“自我造血”的功能。截至 2013 年年底，深圳市桃源居公益事业发展基金会资本金达 2 000 万元，社区公益资产值达 1.05 亿元；深圳市桃源居公益事业发展中心年营业额达 6 800 万元，年收益 680 万元，其中三分之一用于补充政府社区

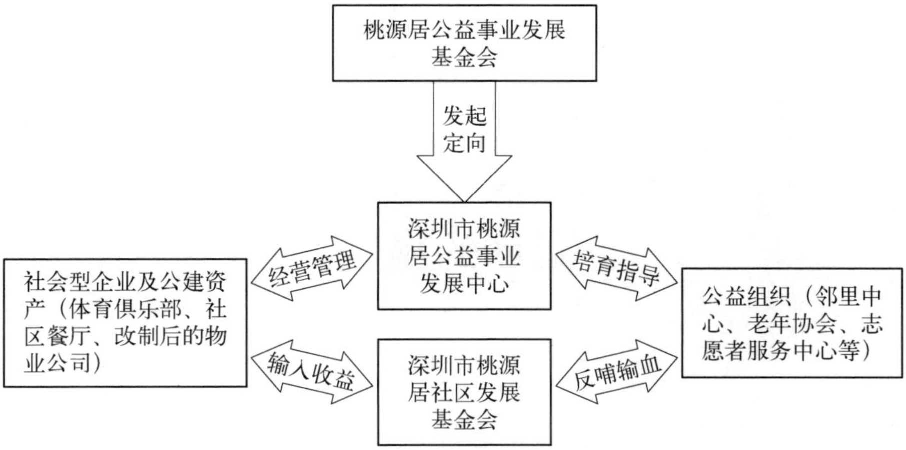

图 7－1　桃源居公益事业发展基金会的运作模式

公共服务，用于就业、养老、教育、卫生、文化、体育、环境、志愿者服务等社区公益事业服务，另外三分之一用于滚存社区可发展资金，剩余三分之一则作为社区民办非企业单位的运营经费，在社区内开展居家养老、社区文化、社区教育等一系列公益项目。

通过上述多个国内典型社区基金会的案例，本部分分析了其基于募集资源、培育社群、开发项目以及资源输入等多种路径介入社区治理的经验和运作机制，可以看出，虽然中国的社区基金会处于起步阶段，但是在充分发挥自身的组织优势、促进社区发展方面却起到了积极的作用。不过，作为初创的行业，社区基金会助力社区发展的机制仍相对单一，主要以设计和开发一些公益项目来吸引居民参与，在公益筹款和社区公共资产管理方面的探索还非常少。此外，目前我国的社区基金会尚没有形成很大的影响力，因此在议题倡导、街区共治方面的能力还非常有限，而这也是未来社区基金会发展的重要方向。

第8章　社区基金会的成长和运作的微观实践

前面我们介绍了宏观层面上社区基金会行业的本土化发展以及各地的经验。这一新生的行业是由一个个具体的社区基金会组成的，因此，对社区基金会进行个案研究将有助于理解这一事物的微观运作逻辑。本章将以凌云社区基金会为例，介绍社区基金会的本土化历程，以及处于初创期的社区基金会的治理和运作。

与其他研究方法不同，我们对凌云社区基金会的研究主要采用行动研究方法。作为凌云社区基金会的兼职理事长，笔者有幸全程介入了凌云社区基金会的筹备、治理和运作工作，因此，笔者既是一个研究者，也是一个行动者。由于缺乏社区基金会运作管理的经验，笔者的团队在运作过程中更是面临诸多难题，根据行动研究方法，我们以解决社区基金会的实践问题为目标，与社区基金会理事会、监事会、秘书处以及街道办事处的同仁围绕社区基金会每个阶段的问题共同讨论、共同决策。需要指出的是，凌云社区基金会由于资源禀赋、运作经验、治理机制等一系列因素的制约，与同行的其他社区基金会相比存在很大的差距。因此，这一案例的分享并不在于提供经验，而是希望能够引发社区基金会同行的更多讨论，也希望对未来社区基金会的发展产生一定的借鉴意义。

8.1　凌云街道的社会治理现状及相关经验

社区基金会的发展和运作是嵌入在特定的街区经济和治理环境中的，街道的经济发展和社会治理水平对社区基金会的成长和发展具有重要的影响。因此，若要理解社区基金会的运作，就有必要先介绍一下凌云街道的人口、经济和社会治理的相关情况。

凌云街道隶属上海市徐汇区，位于徐汇区西南部，面积 3.58 平方千米，是一个典型的人口导入型社区，现有近 3 万户居民，户籍人口 9 万人，常住人口 10.8 万人，街道共设 28 个居委会，包含 56 个自然小区，其中 41 个为老旧售后公房小区，占比 73.21%。凌云街道的人口结构具有“三多”特点，即老年人多（60 周岁以上老年人占户籍人口的 22.05%）、残疾人多（残疾人口占户籍人口的 1.79%）、低保户多（低保户占总户数的 2.1%）。

作为居住型社区，凌云街道的商圈企业资源非常匮乏，主要以服务社区居民的日常消费型商业业态为主，这些商铺虽然规模很小，但是和社区居民的联系非常密切。辖区内的文化教育资源非常丰富，有华东理工大学、上海经济管理干部学院、上海市社会主义学院等 25 所教育机构，还有梅陇文化馆、老年大学、社区学校等文化设施。依托区域化党建的平台，凌云街道和辖区单位的街区共治工作拥有扎实的基础，丰富的教育文化资源为凌云街道的社区治理、教育培训、文化服务等工作提供了交流空间和智力支持。

凌云街道虽然经济资源相对匮乏，但在社会治理创新方面的成绩却非常突出，特别是培育形成了梅陇三村“绿主妇”这样的全国知名的社区社会组织。由于凌云街道是居住型社区，居民们对于改善住宅小区的居住环境的呼声和需求非常强烈，凌云街道党工委办事处提出了打造“融合性街区”“活力型街区”“宜居型街区”的目标，以生态环保、空间整治、社区营造、街区一体化建设为切入点，形成了一批街区治理的品牌项目。

首先是梅陇三村的生态环保社区建设。梅陇三村是典型的 20 世纪 90 年代初建成的老公房式小区。小区辖区内有 2 369 户居民，常住人口有 6 500 多人，小区居民都以动拆迁户为主，社区治理难度非常大。和其他很多社区一样，梅陇三村最初有一些社区居民自发参与社区的各类活动，特别是有几个家庭主妇积极参与垃圾减量回收活动，并自发组织起一支以

“绿主妇、我当家”为主题的低碳环保行动小组。梅陇三村的党总支书记尚艳华通过党建引领社会治理，带动更多的居民参与低碳环保活动，行动小组也从松散的自组织团队发展成社区社会组织，并注册成立“绿主妇环境保护指导中心”（以下简称“绿主妇”）这一社区社会组织，尚艳华兼任该机构的理事长。因此，“绿主妇”是典型的社区与社会组织融合发展的模式，是全国社区社会组织发展的典范。

绿主妇环境保护指导中心虽然是一个从居民区成长起来的社会组织，但在尚艳华的带领下，该组织很快就在上海、长三角地区以及全国产生了很大的影响力，并入选了2014年第二届上海市社会建设十大创新奖，获得了包括中宣部2014年“节俭之星”、第四届“感动上海年度十大人物”等在内的多项荣誉，并得到了时任上海市委书记韩正（现为中央政治局常委）的充分肯定。在短短几年时间里，“绿主妇”像种子一样，播撒到上海的很多社区，掀起了社区生态环保运动的热潮，并吸引了周边地区的很多社会管理者前来学习、推广，成为徐汇区乃至上海市在社区建设和社区治理中的知名品牌。在尚艳华的带领下，梅陇三村形成了以社区党组织为核心、社区自治组织为主导、社区居民为主体、社会组织和驻区单位共同参与的社区治理体制机制，充分发挥了多元主体在社区治理中的协同协作、互动互补、相辅相成作用，形成了社区工作方法的本土经验。

在走向专业化社区社会组织的过程中，“绿主妇”团队开发了“绿色循环超市”“废旧物品创意制作小组”“芽菜种植公益服务队”“环保酵素坊”“一米绿阳台”“一平米菜园”等社区自治和环保项目，这些项目深受居民的欢迎，很快在各个社区复制推广，对此后上海大力推动的垃圾分类工作也起到了积极的作用。“绿主妇”的志愿者们不仅参与社区的生态环保建设工作，也积极参与社区的协商议事活动，形成了“绿主妇议事会”，为社区公共事务建言献策，成为上海市社区自治的典范。

随着“绿主妇”模式的不断推广，“绿主妇”又发起成立了“绿主妇联盟”，形成跨居民区、跨街道甚至跨区域的合作网络。“绿主妇”的成功对凌云社区基金会的运作和发展具有重要的意义，不仅因为它在凌云街道的社会治理工作中打下了很好的基础，成为凌云社区基金会重要的合作伙伴，更重要的在于它提供了一个社区营造的经验模式，即在社区里培育社群、经营社群并成立社区社会组织。梅陇三村“绿主妇”的成功经验也表明，中国城市社区的居民参与和居民自治具有很大的发展潜力。

其次是打造生态环保的“梅陇范式”。在梅陇三村生态环保社区建设的基础上，凌云街道结合凌云地区的地缘特征，以生态文化建设为亮点，将梅陇三村、梅陇六村、梅陇九村三个小区定为特色示范小区，以点带面，打造“梅陇范式”住宅小区，形成区域特色。凌云街道引入专业社会组织，并设计了“凌云生态家”社区教育实验项目。街道从硬件环境的创设做起，为居民营造一个身临其境、生动有趣的生态学习氛围，对居民进行“生态”科普。社会组织精心设计了各种生态教育实践活动，让居民在亲身体验的过程中改善环保意识和行为。梅陇三村“通过主妇带动家庭”、梅陇九村“通过孩子带动家庭”的形式，以亲缘关系撬动家庭式参与，搭建社区营造的新载体，让不同人群以各种形式的生态体验活动来营造新社区，既满足了居民的文化休闲娱乐需求，也促进了社区交往，显著提升了居民对社区的满意度。

最后是社区公共空间的整治。通过拆除违章建筑加治理的方式，凌云街道实施了“邻里汇”项目建设。按照街区式改造的要求，将“邻里汇”建设与周边环境、产业调整、公共设施联动起来，逐步实现街区一体化生活共同体。目前，凌云街道的“邻里汇”基本覆盖辖区内所有居民区和公共服务资源，形成了 15 分钟社区服务圈，让社区服务变得更加精致时尚。在建设方式上，一是延伸“邻里汇”，整合社区事务受理服务中心、党员服务中心等资源，在有条件的块区改建邻里活动设施，延伸“邻里汇”服务内容，通过公共客厅、匠人作坊、水吧台等设施，打造居民交流共享的平台；二是深耕活动室，对接城市发展热点活动项目和居民需求，引入专业机构，设计活动室功能，使其既能承载邻里家长里短的传统功效，又能成为居民“深呼吸”的场所；三是打造特色楼，开展生态楼组、怀旧楼组、运动楼组等特色楼道建设，从楼道文明向楼道文化过渡，形成互助、共融的良好氛围，夯实居民区的自治基础。

8.2 社区基金会的成立和治理团队的组建

如果不是自上而下的驱动，很难想象在经济资源较为匮乏的凌云街道会内生出一个社区基金会来。自 2016 年以来，在上海市民政局和徐汇区民政局的积极推动下，多个街道先后成立了社区基金会，创新社会治理工作较为突出的凌云街道更是积极响应：2017 年 4 月，凌云街道办事处全额出资 200 万元成立了凌云社区基金会，基金会的定位是致力于推动社区发展的资助型非公募社区基金会。

成立社区基金会只需要资金的投入，但是运作社区基金会则需要专业的团队。社区基金会成立后，首先面临的问题是社区基金会的治理团队。治理团队包括由凌云街道党工委和办事处推荐的 7 人组成的理事会和由 3 人组成的监事会。理事会的 7 人由社会福利院院长、健康医学院附属卫校书记、律师、社区卫生服务中心主任、居民区书记、律师和高校专家等组成，监事会的 3 人是一些居民区的优秀书记。笔者长期从事基层社会治理研究，与凌云街道有着长期的合作关系，参与过凌云街道的一些社会治理品牌的孵化和支持工作，对街道的情况较为熟悉，由此得到了街道领导的高度信任，因此被推选为理事长。凌云社区基金会的秘书长则由街道社会组织服务中心的主任兼任，这一岗位是社区工作者编制，即由街道来承担该岗位的工资待遇。

凌云社区基金会治理团队构成的典型特点是社区性、可靠性、多样性和在地化。社区性是指理事会和监事会的大部分成员都是与社区工作相关的，他们熟悉和了解社区，对社区治理有着丰富的经验；可靠性是指这些成员政治可靠，具有一定的社会公信力，且与街道办事处也有着较为密切的联系，能够保证社区基金会的运作不会偏离街道的总体发展方向；多样性是指治理团队的构成兼顾了不同的行业和职业，能够为社区基金会的运作提供相应的专业支撑；在地化是指团队的大部分成员工作或居住在凌云街道，是社区发展的利益相关者，同时他们对凌云街道有很强的社区认同。上述四个特征是社区基金会治理团队组建的重要原则，也是社区基金会能够实现社会化运作的重要条件。

但是，我们也必须看到，凌云社区基金会的治理团队具有天然的不足，主要体现在以下 4 个方面。一是理事会和秘书处成员的专业性不足。社区基金会作为一个新生事物，涉及筹款募捐、项目资助、社群培育等一系列工作，专业性要求高，而团队成员几乎没有直接从事过这一领域的工作，因此无法为社区基金会的发展提供专业性的指导。二是理事会成员大多都是体制内事业单位的工作人员，缺乏企业家等工商界人士，这就导致社区基金会在整合资源特别是筹款方面没有优势。三是理事会工作人员大多是自己工作岗位的负责人，工作繁忙，很难保证有足够的时间和精力投入到社区基金会的运作中来。四是社区基金会理事会的开放性不够，还没有吸收一些社区居民代表进来。总之，这样的治理结构决定了凌云社区基金会的“社区性”有余，而“慈善性”不足，这也是居住型社区所在的社区基金会的普遍问题。

针对这一治理结构的不足，经过理事会与街道办事处的多次讨论和反复物色，2020 年，凌云社区基金会理事会进一步补充了 3 名理事，其中 2 名是创业者，1 名是社会组织的负责人，3 名新的理事为凌云社区基金会理事会带来了新的资源、理念和专业支撑，对于促进社区基金会的规范化运作发挥了积极的作用。

虽然这只是一个初创的社区基金会，理事会和监事会的同仁也缺乏社区基金会的运作经验，不过大家对于社区基金会的发展定位却达成了高度的共识，那就是向国内外社区基金会同行学习，按照专业社区基金会的要求来运作，不断深耕社区、促进资源整合、培育公益文化、开展社区营造、推动多方合作，努力成为本地问题的回应者、慈善资源的管理者、跨界合作的推动者以及本地议题的倡导者。

8.3　从行政化驱动到社会化运作 1.0

对于一个行政驱动成立的社区基金会而言，成立初期最大的挑战是如何理顺街道和社区基金会之间的关系，这是社区基金会自主运作的前提，也涉及对社区基金会自主性的理解。中国的社区基金会与美国那种完全自下而上由市民社会发起成立的模式不同，它是嵌入在特定的社会治理体系和结构中的，其在组织体系中与政府、社区以及其他辖区单位具有天然的密切联系性。一方面，政府的行政支撑给予了初创的社区基金会合法性以及切实的物质支持，对于社区居民而言，这种“官办”属性也使得他们相对更容易接受社区基金会这种新生事物。在这个意义上，行政支持对于社区基金会在初创阶段的发展具有重要的意义，且追求社区基金会的自主性也不是简单的脱钩。但另一方面，行政化驱动模式又很容易使社区基金会陷入一个误区，那就是社区基金会的行政化运作。前述关于社区基金会本土化的研究已经指出，很多街道对社区基金会具有很强的行政干预冲动，导致社区基金会成为街道的下属机构，完全失去了社区基金会应有的价值和意义。

正是基于上述分析，凌云街道办事处领导和社区基金会同仁在成立之初就达成了共识，即应该建立政府和社区基金会的合作伙伴关系，充分尊重社区基金会的自主性，努力实现社区基金会的社会化运作。具体包括：一是街道对社区基金会理事会充分授权，确保社区基金会理事会是社区基金会的最高决策机构，社区基金会的各个部门的权限和运作都严格按照基金会的章程来设定和进行；二是确保社区基金会秘书处日常运营的相对独立。这种合作伙伴关系的建立一方面与街道相关领导的意识有关，另一方面也与街道对社区理事会成员的信任有关。由于理事会成员是由街道物色推荐产生的，他们都是政治和业务可靠的人员，即便政府不介入干预，社区基金会的发展也不会偏离街道的总体发展规划。

然而，与很多社会和企业发起的社区基金会相比，凌云社区基金会的社会化运作还处在 1.0 阶段。一是因为社区基金会的人事安排主要是街道掌握的，人员的选聘、工资待遇的发放和人事关系都在街道办事处，社区基金会秘书长同时也是街道社会组织服务中心的主任，她需要完成很多街道办事处交办的常规性工作，某种程度上她需要接受多重领导。二是社区基金会理事会与街道的这种信任关系在某种意义上仍然是私人化的信任关系，一旦双方人员调动了，原先的合作基础也可能受到影响。三是在目前的情况下，社区基金会也缺乏完全社会化运作的动力。总体来说，初创期的凌云社区基金会在运作和治理模式上已经做出了较大的突破，对其他行政化模式的社区基金会有一定的借鉴价值。

8.4　社区营造：凌云社区基金会的探索和行动

社区基金会应该做什么，社区基金会能做什么？这是社区基金会成立后首先要面对的问题。很多社区基金会成立后主要从事的是传统的扶贫帮困工作，一些社区基金会则主要协助街道完成自治金项目的管理工作，这就使得社区基金会的价值和功能没有得到充分的发挥。凌云社区基金会成立后，在分析凌云街道社区需求和社区发展的基础上，确定了社区营造的主要发展方向。在成立以来的三年多时间里，凌云社区基金会通过建立社区营造合作网络、举办论坛、培育社群、资助和开展项目、开展社区调研和社区工作者能力建设等多种方式来积极介入和推动凌云社区的社区营造活动，与梅陇三村“绿主妇”等社会组织建立了密切的合作关系，为构建凌云地区社区营造的良好生态环境贡献了自己的力量。

1. 举办线下 Lantalk，构建社区营造的合作网络

与传统的社区治理仅仅局限于在地的关系网络不同，凌云社区基金会成立后就开始广泛拓展合作关系，不断在全国的社区营造界形成和扩大自己的影响力。Lantalk 线下沙龙活动是凌云社区基金会联合发起和组织的品牌活动。Lantalk（谐音“乱谈”）最初是由国内一批在社区营造界非常专业且活跃的同仁发起的活动，Lantalk 是“Local area network talk”的缩写，意为社区营造在地关系网络的交流。这一活动最开始主要在线上进行，汇集了数百个全国社区营造的研究者和实践者分享社区营造的理念和经验，因此具有较大的影响力。凌云社区基金会作为致力于推动社区营造的行业促进者，积极参与社区营造界同仁发起的相关活动。为了进一步促进社区营造理念与在地治理实践的结合，凌云社区基金会组织了 Lantalk 线下沙龙活动。第一次 Lantalk 线下沙龙活动在陇上书店举行，来自全国

各地的约40位的社区营造同仁自发参加活动、分享交流，既增进了大家的相互理解，又提升了凌云社区基金会在行业内的影响力。此后，这一活动得到了正荣公益基金会的支持，凌云社区基金会进一步将Lantalk的理念引入凌云街道的各个社区中，围绕当前凌云街道社区治理中面临的热点难点问题，如停车难、垃圾分类、物业管理、业委会组建、居民自治、三社联动等，邀请了上海市多个社区和街道的优秀社区工作者、社区营造界的专家与凌云街道本地的居民骨干共同讨论交流，形成了常态化的交流平台。在大家的共同推动下，Lantalk线下沙龙活动在北京、南京、苏州、成都、武汉等多个城市落地开展，形成了具有全国性影响力的品牌项目。

在此基础上，凌云社区基金会依托华东理工大学的高校资源，联合华东理工大学相关研究机构举办了多次大型的社区营造和社区基金会发展相关的学术论坛，既搭建了社区基金会行业交流的平台，也建立了社区营造研发的智库和专家库资源。

2. 开展社区调研，成为在地“知识王”

社区营造必须建立在对本地社区治理需求和问题充分了解的基础上，以根据本地问题和需求来资助相关的团队和项目。近年来，凌云街道也积极开展三社联动，引入外来的社会组织进入社区开展活动。然而三社联动在实践中却面临很多困境。一是外来的社会组织对本地情况不了解，这就导致它们需要花费较长时间调研才能熟悉社区问题和需求，很多的社会组织重复性地开展各种调研，浪费了大量的资源；二是由于政府财政购买服务通常都是年度化的，需要当年就有项目产出，外来的社会组织很难在不了解社区的情况下快速开展活动。因此，如何更好地促进三社联动，为外来的社会组织提供信息和在地的组织网络支撑是社区基金会的重要工作。为此，凌云社区基金会在街道28个居民区开展了社区调研，对28个居民区的治理状况、问题和需求进行了全面的调研，形成了凌云街道社区诊断报告。

作为在地的枢纽型社会组织，凌云社区基金会协助了很多外来的社会组织进入社区，并为它们提供了前期的信息支持。实践表明，作为政府与外来社会组织的中介和枢纽，社区基金会可以发挥更大的优势：一方面，社区基金会是在地的组织，对本地情况非常熟悉；另一方面，社区基金会本身是社会组织，在发展目标、话语体系、运作方式上与其他社会组织具有天然的契合性，因此在合作沟通方面可以发挥自己的优势。

3. 资助项目，深度介入社区营造

作为非公募的资助型基金会，凌云社区基金会必须保证上一年至少 8%的基金会余额用以公益支出，而对一个街区资源匮乏、筹款相对困难的社区基金会而言，这一支出金额可能仅有 20 多万元，如何使这笔较少的资金产生最大的社区营造效果，是社区基金会运作面临的一大考验。如何选择资助项目、如何开发品牌项目以及如何通过项目来募集资金，都是社区基金会运作需要考虑的重要工作。

凌云社区基金会资助项目主要聚焦于凌云街道社区发展的重点需求和方向，如生态环保、社区健康、亲子教育等。凌云社区基金会一般先向专业社会组织、凌云街道的相关自组织团队、青年社区工作者等相关对象广泛征集和发布项目，再由社区基金会理事会讨论确定最终立项项目，在此基础上形成了项目资助和管理的一些经验。在这一过程中，不断总结工作中的不足，并进一步梳理未来的发展方向。

对于凌云社区基金会而言，在资助项目的运作中往往面临资助的多元化和专一化、资助主导和自己运作主导的矛盾。凌云社区基金会在这一过程中也不断调整。2017 年是凌云社区基金会运作的第一年，因此主要以探索为主。2017 年度，凌云社区基金会资助了“绿水行”“青少年困境”“健康棒棒糖”“智慧妈妈”等 5 个项目，项目的执行方也非常多元，既有专业的社会组织，也有高校的专业社工，还有居民区的社区工作者。因此，凌云社区基金会第一年的项目资助以多元化模式为主。这一多元化的模式有助于凌云社区基金会在短期内形成自身的影响力，这些项目对推动凌云街道社区营造也有着重要作用。以“绿水行”项目为例，该项目是由华东理工大学社会工作专业的研究生和居民区的社区工作者共同执行的，采用的是“专业社工+社区工作者+自组织”团队合作的模式。这对破解三社联动困境具有很大的启发意义。原先的社区治理一般由外来的社会组织主导，或由居民区的社区干部主导，前者有专业的理念和方法，但是缺乏社区工作的经验，也不具备在地的组织优势，而后者了解社区，具有在地的组织网络优势，但是缺乏专业的理念和方法，因此只有两者有机结合、共同合作，才能发挥最大的作用。凌云社区基金会通过资助项目，搭建了双方合作联动的平台。

但多元化的资助模式也面临着项目管理方面的难题。首先，由于凌云社区基金会的规模非常小，仅有两个兼职的工作人员，因此在跟踪、评估和指导项目方面都存在困难。特别是由于项目承接方大多是非机构法人，凌云社区基金会便会疲于为承接方完成报账工作，这种情况显然不符合社区基金会资助的初衷。其次，多元化的资助模式很难形成社区基金会的品牌项目，由于每个项目的规模都非常小，因此项目的成效并不会特别突出，如果第二年继续采用这种模式，则会陷入项目不断重复的困境。基于此，凌云社区基金会在第二年的项目资助中采用了专一化的策略。围绕社区的重点需求，与专业的社会组织合作，重点资助亲子教育和社区健康项目。特别是和上海市静安区临汾路街道幼吾幼社区儿童服务中心合作开展的“玩具吧”项目，该项目是“智慧妈妈”项目的升级版，主要以亲子教育为主，我们在凌云街道的多个居民区开辟了项目点，开展亲子培训互动、公益市集等多种活动，把专业的理念和方法注入社区，也得到了很多居民的欢迎。这一项目也连续两次获得新力杯社区基金会优秀项目，发展成为凌云社区基金会的品牌项目。在此基础上，凌云社区基金会以打造“儿童友好社区”为目标，既与其他基金会和专业社会组织合作，又培育在地的社区社会组织。总之，通过项目资助的方式，凌云社区基金会为凌云街道的社区营造工作注入了新的理念和方法，有效实现了三社联动。

4. 培育活跃社群，激发居民社区参与

社区营造最重要的是自下而上的居民参与，培育社区的公共人。在我国的治理体制中，党的领导和政府负责是我们的制度优势，而社会协同和公众参与则是我们的治理短板，社区基金会的重要价值就是在党的领导下，通过专业的理念和方法来促进居民参与。近年来，政府为激发和促进居民的社区参与也做了大量的探索，如上海探索的自治金项目模式。不过，从目前的社区自治实践来看，自上而下的行政驱动模式仍然非常明显，居民的参与潜能没能得到充分的激发。

凌云社区基金会成立后的一个重要目标就是在行政体系外，通过专业的方法来孵化和培育社区的自组织团队。对于社区基金会而言，必须在居民区内延伸形成自己的抓手，而社群就是社区基金会在社区里的依靠力量。实际上，社区里原来就有丰富的社区参与形式，如文体活动类参与、议事协商类参与、社区互助类参与以及社区管理类参与等，只不过原先的参与形态相对来说较为碎片化和个体化。梅陇三村“绿主妇”的成功则证明社区居民是完全可以被组织起来的。凌云社区基金会注意到，原先的居民参与主要发生在居民区内部，跨居民区的网络则比较薄弱，因此对社区基金会而言，重要的是如何去发现、挖掘和培育社群，建立跨居民区的横向联系，提升社区社会资本。

凌云社区基金会资助培育的“智慧妈妈”社群就是一个典型的案例。“智慧妈妈”是一个主要由全职妈妈组成的旨在通过家庭互助的方式来开展亲子教育的自组织团队。亲子教育是社区的刚需，除了市场的方式外，社区互助也是一个重要的方式。这一自组织团队已经具有很强的社群黏性，并且内部已经形成了较好的运作机制和社群认同。这些年轻的妈妈们基于对孩子教育问题的关注而聚在一起，她们相互交流亲子教育的心得，采用自筹的方式策划组织一些亲子活动，特别是形成了“谁出钱，谁受益，谁负责”的理念。对于社区营造而言，这一自组织团队是非常重要的资源。当团队负责人向凌云社区基金会提出申请资助“爱与绘本屋”项目时，社区基金会给予了她们大力的支持和全程的跟踪指导。同时，凌云社区基金会也注意到，这样的项目虽然很受年轻妈妈们的欢迎，但总体以自益和互助为主，与社区的关联性比较弱，社区基金会作为兼具“社区性”和“慈善性”的组织，应该引导社群向这个方向发展，为此，我们在项目的督导过程中指导该团队更多地开展与社区相关的活动。此外，还积极对该团队进行赋能，引导其逐步走向专业化。目前，该团队从最初 200 多人的社群发展为 400 多人的社群，并准备申请成立致力于亲子教育的社区社会组织。

8.5 培育社区公益文化，构建社区声望体系

无论是社区营造还是社区慈善事业都需要肥沃的土壤，社区基金会作为在地的枢纽型社会组织，发挥的就是为社区营造“施肥”和“浇水”的角色。长期以来，社区治理和公益慈善主要采用自上而下的行政推动模式，导致公众参与的意识以及公众对社区营造、公益慈善的理解都严重不足，因此亟待培育社区营造和公益慈善的文化氛围。

我们认为，培育良好的社区营造和公益文化氛围，就要让那些长期以来默默在社区里做出奉献的能人、达人获得社区的认可和尊重，并让他们的精神在社区内得到广泛传播和传承，因此，构建“社区声望体系”是一个重要的实践路径。“声望”是一个重要的社会学概念，社会学家马克斯·韦伯认为，财富、权力和声望构成了社会分层的三个维度，这里的声望主要指向的是职业声望。一些国外的研究者开始用“社区声望”的概念来理解社区内部的权力结构，如美国学者亨特设计了“声望法”来识别社区领袖。他的研究发现，这些具有较高声望的社区精英人士往往凭借其社会资源就掌握了社区决策和管理的主动权（F Hunter，1959）。一些研究者还指出，在金字塔型的社区权力结构中，通过声望法推选出的社区精英往往与其在社区事务和社区中的影响力无关，在组织中掌握行政要职的人不一定能代表整个社区。我们所提出的社区声望体系显然不同于上述研究，我们所指的社区达人、能人和公益人士并不是指他们的职业地位，而是指一个社区居民因其个人品格、为他人带来的帮助、对社区的贡献等行为表现而在社区中得到的认同和尊重。这一社区声望与他们的经济和权力地位无关，而与他们的公共性行动有关，这代表的是一种现代公共精神。

一个社区具有成熟的声望体系，意味着社区达人的价值能够被社区所感知，他们的行动能够感染和带动其他居民，从而形成广泛参与的态势。而这一社区声望体系的构建需要形成关于社区声望的共识性标准、建立和完善社区的传播体系、完善有助于社区达人发挥作用的支撑体系。

首先，形成关于社区能人达人的共识性标准。大家的共识是，社区达人应该具备下述特征：一是热心社区公共事务，积极为社区发展做贡献；二是与社区居民关系良好，具有一定的声望；三是品格优良，行为正派；四是具有一定的感染力和影响力，能够带动其他居民共同参与社区公共事务；五是具备某种专业技能。其次，识别和寻找这些默默无闻的积极行动者。通过居委推荐、社区达人自荐、社区基金会寻访等多种方式，列出符合上述条件的居民，并按照其主要特点进行分类，划分为社区环境保护达人、社区文化建设达人、社区关系建构达人、社区公益活动达人等。再次，将这些社区达人的行动显性化。依托各种线上线下的传播渠道进行广泛宣传，通过各类媒体平台分享他们的故事。最后，对这些社区达人赋权赋能。社区达人的作用发挥需要平台和支撑，否则他们的参与活动很容易显得碎片化，也容易难以持续。例如，协助一些具有策划和组织能力的达人建立自组织团队，并通过自治金项目等方式支持其参与行动，促进其从个体化参与走向组织性参与。

1. 挖掘社区能人达人

在推动凌云街道社区营造的过程中，可以深切地感受到“人”是社区治理中最为核心的要素，社区达人（或者说积极的行动者）是社区中最重要的财富。为此，凌云社区基金会联合居委会广泛征集和挖掘社区里的典型能人达人，总结宣传他们参与社区治理的经验故事。通过挖掘发现，社区里其实有很多志愿者骨干为社区做了大量的事情。例如，殷光鑫坚持义务理发 30 余年，这位“剃头爷叔”累计义务理发 20 000 余人次，还成立了理发工作室，培养带领 20 余位志愿者服务社区老人、残疾人、特殊困难家庭。再如吕福林，他身残志坚，为居民传授中风康复知识，每周二到大华医院病房做义工，感动了一批又一批患者。在挖掘社区能人的基础上，社区基金会还联合凌云街道对一些能人达人进行赋能建设，既发挥他们的专业特长，又带动更多的社区居民。如在梅陇五村建立“盆景大师王元康工作室”，在长陇苑建立“薛国荣根雕馆”等。同时，在公益伙伴日期间，开启“能人大道”、开辟“能人墙”，让更多能人投身并亮相社区舞台，来带动更多居民参与社区自治共治。

2. 开展感动凌云公益人物评选

中国的慈善事业有着深厚的历史和文化底蕴，儒家、道家、佛家、墨家等诸子百家都有丰富的慈善思想。近年来，随着经济社会的发展，特别是各种公益慈善模式的创新，我国的慈善文化又融入了一些西方的慈善理念。如何让传统的慈善文化在新时期得到传承和创新，如何吸引更多居民参与到社区慈善事业中来，以及如何推动公益慈善的在地化，都是社区基金会的重要使命。

正如第 4 章中对国外社区基金会发展经验的介绍，美国的社区基金会源自大众慈善模式的兴起，发达的捐赠文化传统是社区基金会发展的重要因素。相对而言，我国的大众慈善仍然处于起步阶段，而行政驱动模式又使得社区基金会的社会基础相对薄弱，因此，中国城市的公益文化培育还需要很长一段时间的发展。凌云社区基金会成立后的一个重要工作就是开展感动凌云社区公益人物的评选。社区基金会发现，实际上，凌云街道有很多公益慈善人物，他们或直接捐钱捐物，或参与社区的志愿活动。凌云社区基金会通过志愿者收集他们的故事，并在社区基金会微信公众号的平台上进行宣传和评选，这一活动得到了社区居民的积极响应，短短几天内，就有 4 000 多位居民为他们投票，而后，社区基金会举行了对这些慈善人物的表彰活动。这一活动的开展表明社区里其实有很多爱心人士，只是由于各种因素，他们的爱心行为没有得到充分的宣传和扩散，而社区基金会作为爱心的“放大器”，使得他们的爱心事迹得以被更多的居民了解，从而提升了他们的社区声望。

8.6 筹集社会公益资源，探索社群经济模式

社区基金会的“慈善性”属性决定了其必须去筹集社会公益资源。理论上来说，一个无法筹集和动员资源的基金会就不是真正意义上的基金会。然而在一个资源相对匮乏的街区，如何筹集资源是凌云社区基金会发展面临的最大挑战。

笔者认为，影响社区基金会资源动员的主要因素包括结构性因素和行

动性因素。结构性因素是社区基金会成立和发展的社会经济基础，包括一个地区的经济发展水平、人口规模、人口结构、收入状况和辖区内的企业资源等。如一些中心城区拥有大量的商业企业资源，相对而言，其筹集资源的难度要低很多，而在一个居住型社区，则意味着社区基金会要面向不特定的居民筹款，难度则要高很多。行动性因素是指通过主观努力可以改变和提升的因素，如公益慈善氛围的营造、捐赠意愿的激发以及与外部资源的对接等。对凌云社区基金会而言，结构性的不利因素很难被改变，因此，只有通过行动性因素来改变。为此，社区基金会同仁与街道办事处合作，进行了公益资源筹集的不断探索，但由于缺少专业化的筹款方法，与其他社区基金会相比仍然存在不小的差距。因此，这里只是介绍凌云社区基金会的一些探索以及遇到的问题。

第一，要让社会形成对社区基金会的认知和理解，因此，社区基金会的宣传工作非常重要。凌云社区基金会自成立以来，就依托华东理工大学社会科学高等研究院等研究机构，主办了两次高峰论坛，并且作为联合承办方多次积极参与全国性社区基金会论坛的筹备工作。这些论坛对于扩大凌云社区基金会的影响力发挥了积极的作用，多家主流媒体进行了大量的报道。

第二，依托项目的方式来筹集公益资源。作为非公募基金会，凌云社区基金会无法向不特定的居民开展筹款活动，辖区内的企业资源非常少，只能面向居民筹款，因此开发设计吸引居民的项目是筹集资金的重要途径。例如，“玩具吧”是一个较为受社区居民欢迎的项目，通过与其他公募基金会合作，这一项目在 2018 年的“99 公益日”中很快就筹到了 3 万元资金，这些资金又进一步回馈到项目中去。这种模式让居民们认识到社区慈善的意义，也使他们更愿意捐赠款项给社区基金会。

第三，通过各种方式与一些爱心企业对接。虽然凌云街道的商圈企业资源非常少，但是中国区域化党建、统战工作还是可以在衔接外部资源时发挥重要的链接作用。此外，广泛的宣传工作也让一些企业慕名来给凌云社区基金会捐赠。例如，过去的几年里，博士视听系统（上海）有限公司、华东理工大学出版社有限公司等都积极为社区基金会爱心捐赠，社区基金会将这些捐赠及时回馈给社区，更好地促进了与辖区内单位的联动。

第四，获得来自社区居民的爱心捐赠。中国城市社区慈善已经形成了一套体系，如慈善超市、经常性捐助点、市区慈善会在街道设立的专项基金等，此外，通过一日捐、3 月 5 日学雷锋、党员献爱心等活动，每年也可以筹集到一定数额的爱心捐赠。但是，既有的社区慈善模式在运作中仍然存在很多问题，如行政主导的模式太突出、捐赠者不清楚捐赠款的使用方向和使用效果等。社区基金会作为社区公益慈善的新载体，则可以很好地发挥其特有功能。例如，社区基金会可以更快地将爱心捐赠物运用到社区中，社区居民更有机会参与到爱心捐赠的使用决策中。事实上，原先社区居民并不知道有社区基金会这样的机构存在，一旦了解后，他们更愿意将资金捐给离他们最近的社区基金会，这也表明社区基金会在公益慈善筹款方面具有很大的发展空间。

第五，依托社群经济模式实现社会资源的生产与再生产。美国社区基金会的一个重要的功能是通过公益信托来提供专业的咨询服务，以此来收取管理费用，这一管理费用甚至足够聘请专业的基金会运作团队。中国的社区基金会目前还不具备这一能力，因此，如何通过自身的运作来生产资源是未来社区基金会的发展方向。这对一个经济资源天然匮乏的街区来说更是需要探索的一种新的运作方式。导入社群经济模式以实现社区公共资产的提升是凌云社区基金会未来重要的发展方向。作为资源的链接者和匹配者，社区基金会应该为人、空间和资源建立有机的联系。这就需要重新认识社区的公共资产，除了货币性资源外，社区里的人、文、地、产、景都是社区里的重要资产，关键是如何实现这些资产的创造性转化和增值。如凌云社区基金会探索与徐汇区近年来实施的“邻里汇”项目相结合，采用“市场+慈善+公共服务”的模式来培育社群经济。“邻里汇”是社区的公共服务空间，在这一社区公共空间里可以提供各种公共服务。完全采用政府支出的方式不仅会增加政府的财政开支，而且也会形成居民对政府的依赖；完全采用市场经营的方式则背离了邻里汇作为公共服务空间的初衷。因此，“市场+慈善+公共服务”的模式是一种重要的突破。社区基金会通过发展和培育社群经济，让社区里有专业特长的居民来提供公益价格的收费服务，并将其中的部分费用以定向捐赠的方式用于支持社区基金会的运营。这样的模式既有助于解决社区就业问题，也有助于推动社区公益慈善事业的发展，更重要的是，可以通过社群经济模式促进社区的信任、互助和合作。

8.7　总结和思考

以上是对凌云社区基金会成立三年多来发展历程的简单介绍。作为社区基金会行业的新兵，凌云社区基金会在专业运作、资源筹集、社会影响等各方面都与其他很多优秀的社区基金会存在很大的差距，在既有的结构约束下，凌云社区基金会的未来发展也面临诸多挑战。本书对凌云社区基金会的个案进行介绍，目的是通过对一个典型案例的剖析来理解社区基金会的本土化微观实践逻辑。我们认为，凌云社区基金会的发展的启示意义在于以下 5 个方面。

第一，社区基金会在中国城市中具有很大的发展潜力和空间。由于社区营造、社区慈善、社群经济都处于起步阶段，很多的理念都需要一个平台和机构来推动实现，社区基金会可以说是最为适合的载体。当然，由于中国社会治理结构和治理体制的特殊性，中国的社区基金并没有完全复制西方同行的模式，而是形成了具有中国社会特点的发展模式。

第二，政府在推动成立社区基金会时应该更加理性和谨慎，特别是需要评估一个街区的实际资源和需求，应在条件相对成熟的情况下成立。在推动成立和运作社区基金会的过程中，应注重对社会资源的挖掘，形成多方合作的格局，避免单一政府主导。

第三，社区基金会的治理结构是决定社区基金会能否健康和可持续发展的关键因素。对于初创期的社区基金会而言，筹集资源数和资助项目数等量化指标并不是最重要的，建立和完善治理结构才是更为迫切的，这不仅需要寻找合适的人员参与到社区基金会的工作中来，也需要政府和社区基金会开展平等合作。这是一个不断博弈的过程，且需要很长的时间才能完成。

第四，参与社区营造是社区基金会本土化的一个切实的路径选择。正如习近平总书记所指出的，“党的工作最坚实的力量支撑在基层，经济社会发展和民生最突出的矛盾和问题也在基层，必须把抓基层打基础作为长远之计和固本之策，丝毫不能放松”“社会治理的重心必须落到城乡社区，社区服务和管理能力强了，社会治理的基础就实了”。基层社会治理创新是一项长期而复杂的工作，需要各种力量的介入和支持，社区基金会的发展只有嵌入党和政府的重点工作中，才能得到自己的发展空间。

第五，塑造“我们感”是社区基金会发展的价值归属。社区基金会的“社区性”体现在回应社区问题、整合社区资源、促进社区发展等具体工作上，但更为根本的则在于形塑社区共同体。社区基金会作为一个开放、包容的平台，应该是街道所有居民的基金会，这就要求社区基金会必须走进居民、服务居民，让居民通过各种方式广泛参与到社区基金会的运作中来，形成社区居民的“我们感”意识。只有这样，才能实现真正意义上的社区基金会，这也应该是国内同行共同努力的方向。

参 考 文 献

［1］王名，等．中国社会组织（1978～2018）社会共治——正在生成的未来［M］．北京：社会科学文献出版社，2018.

［2］王思斌．社会工作本土化之路［M］．北京：北京大学出版社，2010.

［3］石英．质性社会学导论：基于本土经验的社会学话语体系建构［M］．北京：社会科学文献出版社，2018.

［4］赵月枝，吕新雨．传播新视野：危机与转机［M］．上海：华东师范大学出版社，2019.

［5］葛道顺，商玉生，杨团，等．中国基金会发展解析［M］．北京：社会科学文献出版社，2009.

［6］徐宇珊．论基金会：中国基金会转型研究［M］．北京：中国社会出版社，2010.

［7］Easterling D. The leadership role of community foundations in building social capital［J］. National Civic Review, 2008, 97（4）: 39－51.

［8］Graddy E A, Morgan D L. Community foundations, organizational strategy, and public policy［J］. Nonprofit and Voluntary Sector Quarterly, 2006, 35（4）: 605－630.

［9］Sacks E W. The growth of community foundations around the world: an examination of the vitality of the community foundation movement［M］. Washington DC: The Council on Foundations, 2000.

［10］Carman J G. Community foundations: a growing resource for community development［J］. Nonprofit Management and Leadership, 2001, 12（1）: 7－24.

［11］GUO C, Brown W A. Community foundation performance: bridging community resources and needs［J］. Nonprofit and Voluntary Sector Quarterly, 2006, 35（2）: 267－287.

［12］Lucy B, Katherine F, Gabriel K. On the brink of new promise: the future of U.S. community foundation［R］. Blueprint Research & Design Inc, The Monitor Company

Group, 2005.

[13] Jenny H, Tobias J. Philanthropy and community development: the vital signs of community foundation? [J]. Community Development Journal, 2016 (1): 132-152.

[14] Daly S. Institutional innovation in philanthropy: community foundations in the UK [J]. Voluntas, 2008, 19 (3): 219-241.

[15] Millesen J L, Martin E C. Community foundation strategy: doing good and the moderating effects of fear, tradition, and serendipity [J]. Nonprofit and Voluntary Sector Quarterly, 2014, 43 (5): 832-849.

[16] 李莉. 社会保障改革中的类社区基金会成长 [J]. 华中师范大学学报 (人文社会科学版), 2007 (4): 30-35.

[17] 褚鋆. 社区基金会真不是基金会 [N]. 中国社会报, 2014-10-31.

[18] 徐宇珊,苏群敏. 社区基金会的“形”与“神” [J]. 中国社会组织, 2015 (3): 9-11.

[19] 崔开云. 社区基金会的美国经验及其对中国的启示 [J]. 江淮论坛, 2015 (4): 42-49.

[20] 原珂, 许亚敏, 刘凤. 英美社区基金会的发展及其启示 [J]. 社会主义研究, 2016 (6): 143-155.

[21] 韩君. 授人以渔还是改造渔业? 社区基金会在英国的发展 [J]. 中国社会组织, 2017 (12): 45-49.

[22] 俞祖成. 日本社区基金会的发展及其启示 [J]. 社会主义研究, 2017 (3): 125-132.

[23] 章敏敏, 夏建中. 社区基金会的运作模式及在我国的发展研究——基于深圳市社区基金会的调研 [J]. 中州学刊, 2014 (12): 65-69.

[24] 徐家良, 刘春帅. 资源依赖理论视域下我国社区基金会运行模式研究——基于上海和深圳个案 [J]. 浙江学刊, 2016 (1): 216-224.

[25] 方勇. 柔性控制: 政府主导型社区基金会的项目制运行逻辑 [J]. 社会主义研究, 2018 (2): 98-109.

[26] 何立军, 杨永娇. 社区嵌入视角下中国社区基金会典型模式比较分析——基于深圳的实践探索样本 [J]. 江汉论坛, 2018 (7): 124-129.

[27] 范斌, 朱志伟. 差异性互补: 我国社区基金会合法性获取的比较研究——以两个不同类型的社区基金会为例 [J]. 社会主义研究, 2018 (3): 88-97.

[28] 吴磊．“合法性—有效性”框架下社区基金会发展的影响因素分析——基于上海和深圳的案例［J］．社会科学辑刊，2017（2）：65－71.
[29] 朱志伟．联合与重构：社区基金会发展路径的个案研究——一个资源依赖的分析视角［J］．浙江工商大学学报，2018（1）：119－128.
[30] 饶锦兴，王筱昀．社区基金会的全球视野与中国价值［J］．开放导报，2014（5）：28－33.
[31] 胡小军，朱健刚．社区慈善资源的本土化——对中国社区基金会的多案例研究［J］．学海，2017（6）：85－92.
[32] 田蓉．从“准资源平台”迈向社区领导者——社区基金会功能三角在地化实践反思［J］．河北学刊，2017（1）：155－159.
[33] 刘建文．社区基金会：促进社区自治发展的新思路——产生、特征、本土化建设策略及其意义［J］．云南行政学院学报，2008（3）：119－121.
[34] 王巍．社区基金会：社区自治发展的新思路［J］．宁夏党校学报，2006（1）：32－35.
[35] 王本壮，等．社区 X 营造：政策规划与理论实践［M］．台北：唐山出版社，2016.
[36] 罗家德，梁肖月．社区营造的理论、流程与案例［M］．北京：社会科学文献出版社，2017.
[37] 卜希霆，刘荣，等．创意营造学［M］．北京：社会科学文献出版社，2016.
[38] 张和清，杨锡聪，等．社区为本的整合社会工作实践：理论、实务与绿耕经验［M］．北京：社会科学文献出版社，2016.
[39] 李友梅．社区治理：公民社会的微观基础［J］．社会，2007（2）：159－169，207.
[40] 沈原，刘世定，李伟东，等．社区治理：价值匹配（NGT）分析方法［M］．北京：社会科学文献出版社，2017.
[41] 斐迪南·滕尼斯．共同体与社会：纯粹社会学的基本概念［M］．林荣远，译．北京：北京大学出版社，2010.
[42] 王小章，陈宗仕．社会学思维［M］．杭州：浙江大学出版社，2018.
[43] 徐勇，等．城乡公关与礼仪［M］．武汉：湖北科学技术出版社，2008.
[44]《中国基金会发展报告（2011）》编委会．中国基金会发展报告（2011）［M］．北京：社会科学文献出版社，2011.

[45] 阮建芳．慈善与公益［M］．北京：同心出版社，2013.

[46] 李战刚．基金会准入与社会治理：基于中日的比较研究［M］．北京：社会科学文献出版社，2017.

[47] 褚蓥．美国公共慈善组织法律规则［M］．北京：知识产权出版社，2015.

[48] 王建军，叶金莲．社区基金会：地位与前景——对一个类社区基金会的个案研究［J］．华中师范大学学报（人文社会科学版），2006（6）：29－35.

[49] 资中筠．财富的责任与资本主义的演变：美国百年公益发展的启示［M］．上海：上海三联书店，2015.

[50] 徐家良．中国社区基金会关系建构与发展策略［J］．社会科学辑刊，2017（2）：58－64.

[51] 孙倩．美国的社区基金会介绍［J］．社区，2003（7）：64.

[52] Olivier Z. Philanthropy in America：A History［M］. Princeton：Princeton University Press，2011.

[53] Carnegie A. The Gospel of Wealth［M］. New York：Carnegie Corporation New York，2017.

[54] Theodore Roosevelt. An Autobiography［M］. New York：Harpercollins Canada，2014.

[55] Cutlip S M. Fund raising in the United States：its role in America's philanthropy［J］. The American Historical Review，1966（2）：719－720.

[56] Jacob Riis. The christmas stamp［J］. Outlook，1907（6）：511.

[57] Shryock R H. National tuberculosis association，1904－1954：a study of the voluntary health movement in the United States［J］. The American Historical Review，1958，63（2）：445－446.

[58] 饶锦兴．美国慈善事业发展印象［J］．社团管理研究，2011（1）：25－28.

[59] 王名，李勇，黄浩明．美国非营利组织［M］．北京：社会科学文献出版社，2012.

[60] Kenneth Prewitt，et al.. The Legitimacy of Philanthropic Foundations：United States and European Perspectives［M］. New York：Russell Sage Foundation，2006.

[61] Jung T，Harrow J，Phillips S D. Developing a better understanding of community foundations in the UK's localisms［J］. Policy and Politics，2013，41（3）：409－427.

[62] Vogel A. Who's making global civil society：philanthropy and US empire in world society［J］. The British Journal of Sociology，2006，57（4）：635－655.

[63] Prewitt K, Dogan M, Heydemann S, et al.. The legitimacy of philanthropic foundations: United States and European perspectives [M]. New York: Russell Sage Foundation, 2006.

[64] 徐宇珊，朱照南. 美国公益图谱：从传统到现代 [M]. 北京：社会科学文献出版社，2017.

[65] 陈一丹，等. 中国互联网公益 [M]. 北京：中国人民大学出版社，2019.

[66] 宋娟. 美国社区基金会对我国养老保障制度改革的启示 [J]. 甘肃金融，2011 (5): 24-26.

[67] 姚俭建，Janet Collins. 美国慈善事业的现状分析：一种比较视角 [J]. 上海交通大学学报（哲学社会科学版），2003 (1): 13-18, 47.

[68] 杨道波. 非营利组织捐赠的税法研究 [J]. 西南政法大学学报，2007 (3): 73-79.

[69] 爱德基金会传—慈善文化基金. 朱传一文集 [M]. 北京：社会科学文献出版社，2019.

[70] 李红影. 基金会立法问题研究 [D]. 北京：中国政法大学，2006.

[71] 徐勇. 城乡社区自治实务 [M]. 武汉：湖北科学技术出版社，2008.

[72] 何卫卫. 准行政化——我国慈善组织运作的策略选择 [J]. 学习与实践，2010 (4): 123-128.

[73] 崔玉开. “枢纽型”社会组织：背景、概念与意义 [J]. 甘肃理论学刊，2010 (5): 75-78.

[74] 叶林. 从增长联盟到权益共同体：中国城市改造的逻辑重构 [J]. 中山大学学报（社会科学版），2013 (5): 129-135.

[75] 刘洋. 枢纽型社会组织的生成基础与发展路径——基于社会学的视角 [J]. 学习与实践，2016 (12): 86-92.

[76] 刘继同. 转型期中国政府与慈善机构关系的战略转变 [J]. 甘肃理论学刊，2007 (1): 14-19.

[77] 魏礼群. 简政放权改革与法治政府建设 [M]. 北京：国家行政学院出版社，2016.

[78] 田凯. 非协调约束与组织运作——一个研究中国慈善组织与政府关系的理论框架 [J]. 中国行政管理，2004 (5): 88-95.

[79] 沃特尔·W. 鲍威尔，保罗·J. 迪马吉奥. 组织分析的新制度主义 [M]. 姚伟，

译．上海：上海人民出版社，2008.

[80] 赵海林．从行政化到多元化：慈善组织运作研究［M］．北京：中国社会科学出版社，2013.

[81] 王名，等．社会组织与社会治理［M］．北京：社会科学文献出版社，2014.

[82] 彼得·德鲁克．下一个社会的管理［M］．蔡文燕，译．北京：机械工业出版社，2006.

[83] 费孝通．乡土中国［M］．北京：北京大学出版社，2012.

[84] 胡澎．日本“社区营造”论——从“市民参与”到“市民主体”［J］．日本学刊，2013（3）：119－134，159－160.

[85] Rheingold H. The Virtual Community: Homesteading on the Electronic Frontier［M］. London: MIT Press, 2000.

[86] 刘春湘．非营利组织治理结构研究［M］．长沙：中南大学出版社，2007.

后　记

2019年年末爆发的新冠肺炎疫情席卷全国，几乎完全打乱了国人的工作和生活安排，给人民群众的生命健康、经济社会的发展造成了不可估量的损失，也极大地考验了我们的治理体系和治理能力。在全国人民的共同努力下，目前疫情得到了有效控制，相信我们也很快将迎来最终的胜利。然而，这场疫情给我们整个民族、国家和社会带来的反思不应停止，我们一定要吸取疫情发生和应对过程中的各种教训，弥补我们的治理短板，优化完善治理制度，提升治理能力，使我们的社会能够应对未来的各种风险挑战。

如果从国家和社会治理的视角来看这场疫情防控阻击战的话，我们可以发现，党的坚强领导、强大的组织和动员能力以及基层社区的有效应对是本次疫情得到控制的重要保障，也是我国社会治理的制度优势。但同时我们也应该注意到，每次重大的自然和社会灾难都离不开社会力量的协同参与，离不开民众的支持和配合。可以说，社会机制是现代社会治理体系的重要组成部分，是一个健康和成熟的社会必须具备的治理机制。然而，学术界和社会对本次疫情防控中社会力量的参与（或者社会机制的贡献）的评价却非常一般，一些理论界和实务界人士更是对后疫情时代社会力量的发展壮大持悲观态度。这种悲观态度的论据是疫情不可避免地会给经济发展带来极大的冲击，影响政府的财政收入，因此，政府用于购买社会组织服务的支出也一定会减少，此外，疫情防控更加凸显了管控性力量的优势，因此，未来可能会强化体制化的组织和动员力量，而弱化社会机制的建设。

笔者认为，并不能简单以疫情防控行动中的表现来评判社会力量的价值和作用。相反，新冠肺炎疫情让大家更加意识到社会机制建设的长期重要性，我们尤其需要弥补长期以来社会资源动员、社区自治能力、现代公民参与、社区慈善建设等方面的短板，发展各种社会力量的支撑平台和组织形式，运用各种专业的方法和技术，从而促进社会的成长。本书对于中国社区基金会的本土化研究正是上述行动的一部分。社区基金会作为社区治理和公益慈善的创新形式，是现代社会治理体系的重要环节，也是衡量现代社会是否成熟的重要指标。新冠肺炎疫情防控工作更加凸显了社区基金会这种创新组织形式的重要价值。正如本书关于美国社区基金会发展所介绍的，20 世纪初的一场肺炎疫情改变了美国的公益慈善模式，并进而催生了社区基金会。我们认为，新冠肺炎疫情也可能助推中国社区基金会的发展。虽然很多基金会和社会组织在本次疫情防控中的表现并不突出，但社区基金会的贡献却值得称道。以上海市徐汇区凌云社区基金会为例，在社区抗疫行动中，截至 2020 年 3 月底，我们收到的来自爱心企业、社区居民的爱心捐赠超过了 20 万元，其中 80%的捐赠来自社区居民，这样的捐赠数额对很多社区基金会特别是大的基金会而言当然是微不足道的，但对一个资源匮乏街区的社区基金会而言却是非常难得的，特别是很多社区居民愿意将钱和物资捐给社区基金会，这表明了他们对社区基金会的认可。凌云社区基金会迅速将来自爱心企业和社区居民的捐赠运用到社区最需要的地方，提升了捐赠者和受赠者的获得感，促进了社区共同体意识的增长。因此，我们完全有理由相信，社会协同和公众参与的力量在未来将得到更大的发展。

需要指出的是，因为疫情等重大灾难使居民愿意捐赠财、物给社区基金会，这本身并不能体现社区基金会的价值所在，它更重要的意义在于如何通过专业化的运作让社会捐赠实现价值最大化，建立居民和社区的关联，真正形成人人有责、人人尽责、人人享有的社会治理共同体。总之，社会力量的成长和社会机制的发展需要更加专业的理念和方法，对于社会治理的研究者和实践者来说，如何通过研究和实践来推动社会机制的成熟是我们的历史使命，也是本研究的初衷。

本研究是典型的实践驱动的结果。虽然我们从事基层社会治理研究，但是对社区基金会这一新生事物却并不熟悉，实践的需要推动着我们对国内外社区基金会的相关研究和案例进行了梳理，总结了各地的成功经验。在实践中探索，通过研究来指导实践是本研究的重要方式。在此，衷心感谢在本研究中给予大力支持的上海市民政局和徐汇区民政局的多位领导以及国内社区基金会的同行。感谢凌云街道党工委、办事处的多位领导以及凌云社区基金会治理团队的全体同仁，正是在大家的共同努力下，凌云社区基金会才能实现快速成长，并在社区营造中发挥越来越大的作用。毕业于华盛顿大学的吴怡烨同学协助收集整理了关于国外社区基金会发展历程的大量材料，在此表示衷心感谢！

本研究也是高校与街道依托区域化党建平台共同推动的结果。高校作为社会治理领域的“在地知识王”对于推动社会治理创新一直发挥着重要的作用。笔者所任职的华东理工大学利用社会工作、社会学、公共经济等相关优势学科资源，以及依托社会科学高等研究院、社会工作与社会政策研究院、上海公共经济与社会治理研究中心等学术平台，积极参与上海多个区的社会治理创新的指导和干预，与凌云街道更是保持着密切的合作；近年来，凌云街道与我校合作举办了多场关于“社区基金会发展”“社会治理创新”“社区公益慈善”等主题的论坛，汇聚了全国多个城市的优秀社区基金会领域的研究者、推动者和实践者，收集了全国范围内多个社区基金会的典型案例和上海市社区基金会的相关数据，这些都为本书的写作提供了丰富的素材。

最后，借此机会向扎根在社区治理一线的实践者及社区基金会行业的倡导者、推动者和行动者致以深深的敬意，也祝愿中国社区基金会行业的明天更加美好！

唐有财

2020 年春